中华青少年科学文化博览丛书·文化卷

图说世界著名广场

TUSHUO
SHIJIE ZHUMING
GUANGCHANG

吉林出版集团有限责任公司 | 全国百佳图书出版单位

前　言

"广场"一词源于古希腊,最初用于议政和市场,是人们进行户外活动和社交的场所。其特点,位置是松散和不固定的。

广场的选址一般都在城市的中心或者商业发展中心,围绕着这个中心点,随着周围的配套设施的完善,城市一点一滴地发展起来。所以说,广场和城市是密不可分的。广场的发展史和城市的历史变迁相辅相成,并且相互影响。

从古罗马时代开始,广场的使用功能逐步由集会,市场扩大到宗教,礼仪,纪念和娱乐等,广场也开始固定为某些公共建筑前附属的外部场地。

中世纪意大利的广场功能和空间形态进一步拓展,城市广场已成为城市的"心脏",在高度密集的城市中心区,创造出具有视觉、空间和尺度连续性的公共空间,形成与城市整体互为依存的城市公共中心广场雏形。

巴洛克时期,城市广场空间最大程度上与城市道路联成一体,广场不再是单态空间序列的一部分。这时期的广场周围的道路,往往是呈现出一种"辐射型"的四通八达,这些道路成为连接城市商圈和广场的最好脉络。

法国的"星辰广场"就是这类广场的最好典型,集历史古建筑与著名商业街为一体。

被誉为"城市客厅"的城市广场不仅可以进行集会,交通集散,居民游览休息,商业服务及文化宣传等,而且它是一个城市历史文化的融合,塑造自然美和艺术美的空间。

城市广场,特别城市中心广场是一个城市的标志,是一个城市的名片。

现在的广场按照功能分类一般可分为商业和公益广场。其中商业广场一般由三部分组成,满足客流集散功能的集散场地,可供市民、游客体验津味文化的景观公园以及多种业态并存、兼具地域性和时代感的特色商业区。

让人们在休闲之余能够满足购物、娱乐等需要,并且能创造商业利益。而公益广场更多的是艺术和休闲设计,内设置的碑石、公益设施,成为人们休闲的好去处。

本书介绍了天安门广场、罗马广场、协和广场和莫斯科红场等世界最著名的30个广场的人文景观、建造历史以及在历史发展进程中,发生在这些广场上可歌可泣、浪漫清新或者永刻历史的故事,可以在了解这些广场的同时,一起去领略这个城市的风光。

目 录

天安门广场（中国）
　　——世界面积最大广场 ………… 7

圣彼得广场（梵蒂冈）
　　——世界上最对称最壮丽的广场 …… 13

红场（俄罗斯）
　　——莫斯科历史的见证 …………… 18

威尼斯广场（意大利）
　　——罗马曾经辉煌的见证 ………… 23

太阳门广场（西班牙）
　　——马德里的精神中心 …………… 28

协和广场（法国）
　　——皇家的开放式广场 …………… 33

西班牙广场（意大利）
　　——情侣的浪漫天堂 ……………… 38

五月广场（阿根廷）
　　——阿根廷的象征 ………………… 43

圣马可广场（意大利）
　　——世界上最美丽的客厅 ………… 48

宪法广场（希腊）
　　——巨大的公众活动广场 ………… 53

英雄广场（匈牙利）
　　——融合了历史、艺术和政治的古迹 … 58

特拉法尔加广场（英国）
　　——战争纪念广场 ………………… 63

布鲁塞尔大广场（比利时）
　　——欧洲最美的广场 ……………… 68

三种文化广场（墨西哥）
　　——墨西哥民族和国家历史的浓缩 … 73

哈佛广场（美国）
　　——这里弥漫着浓厚的学术风 …… 78

目 录

通迪凯尔广场 (尼泊尔)
　　——昔日的军用广场 ………… 84

哥伦布广场 (西班牙)
　　——为纪念哥伦布而建 ………… 89

巴士底广场 (法国)
　　——法国大革命的发源地 ………… 94

城堡广场 (波兰)
　　——从现代通往旧城的入口 ……… 100

兵器广场 (古巴)
　　——人类文化遗产 ………… 105

戴高乐广场 (法国)
　　——名胜古迹的簇拥地 ………… 110

时报广场 (美国)
　　——世界的十字路口 ………… 115

库斯科兵器广场 (秘鲁)
　　——世界文化和自然遗产 ………… 120

斯坦尼斯瓦夫广场 (法国)
　　——世界上最精致的城市广场 ……… 125

佛纳广场 (摩洛哥)
　　——摩洛哥南部明珠 ………… 130

穆里略广场 (玻利维亚)
　　——世界上海拔最高的广场 ……… 135

康诺特广场 (印度)
　　——富人的购物天堂 ………… 140

莫迪卡广场和雄牛广场 (印度尼西亚)
　　——纪念国家独立的广场 ………… 145

达姆广场 (荷兰)
　　——阿姆斯特丹的心脏 ………… 150

9月9日广场 (保加利亚)
　　——反法西斯纪念日广场 ………… 155

1. 天安门广场（中国）
——世界面积最大广场

中国国旗

1. 世界面积最大广场
2. 毛主席在这里宣布新中国成立
3. 国庆大阅兵
4. 梁思成等人设计的人民英雄纪念碑
5. 仅用10个月创造的人类奇迹

◪ 世界面积最大广场

天安门广场是世界上面积最大的广场。它坐落在中国北京繁华的长安街上，南北长800米，东西宽500米，面积约44万平方米。

它是北京的心脏地带，地面全部由经过特殊工艺技术处理的浅色花岗岩条石铺成。

每天清晨的升国旗和每天日落时分的降国旗是最庄严的仪式。看着朝霞辉映中鲜艳的五星红旗，心中升腾的是激昂与感动。

同时，天安门广场是无数重大政治、历史事件的发生地，是中国从衰落到崛起的历史见证。天安门广场

天安门

于 1986 年被评为"北京十六景"之一,景观名"天安丽日"。

天安门广场曾是明清封建帝王统治时代紫禁城正门外的一个宫廷广场,东、西、南三面用围墙围成一片普通百姓的禁地。在近现代史上,中国没有任何一个地方,像天安门广场这样与人们的情感世界有着如此令人感动的联系。

1919 年"五·四运动"在这里爆发,中国人民向帝国主义、封建主义宣战,"一·二九运动"、"五·二〇运动"都在这里为中国现代革命史留下了浓重的一笔。

新中国成立后,天安门广场拓宽,并在广场中央修建了人民英雄纪念碑,后又分别在广场的西侧修建了人民大会堂、东侧修建了中国革命博物馆和中国历史博物馆、南侧修建了毛主席纪念堂。

天安门广场不仅见证了中国人民一次次要民主、争自由,反抗外国侵略和反动统治的斗争,更是共和国举行重大庆典、盛大集会和外事迎宾的神圣重地。

建国后的天安门广场经历了三次大规模改、扩建工程,使古老的广场更加宏伟壮观,成为中华民族凝聚力和中国繁荣昌盛的象征。

毛主席在这里宣布新中国成立

广场北面的天安门原是明清两代皇城的正门,始建于明永乐十五年,最初叫"承天门",寓意奉天承运,受命于天。清顺治八年改建,并更名为天安门,城台是重檐歇山顶城楼,宽 9 楹,进深 5 间。"9"、"5"二数象征至尊,楼正面有 5 个拱形门洞,中间的门洞仅供皇上出入。

天安门广场

天安门是明清两代皇上颁诏之地。遇有新皇登基、大婚、祭天祭地等重大庆典活动和皇上父母进宫才会启用。另外，皇上御驾亲征或大将出征，都要在天安门前祭路、祭旗，以求马到成功，凯旋归来。

在 2 000 余平方米雕刻精美的汉白玉须弥基座上，是高 10 余米的红白墩台，墩台上是金碧辉煌的天安门城楼。城楼下是碧波粼粼的金水河，河上有 5 座雕琢精美的汉白玉金水桥。

城楼前两对雄健的石狮和挺秀的华表巧妙地相配合，使天安门成为一座完美的建筑艺术杰作。

1949 年 10 月 1 日，毛泽东主席在天安门城楼上庄严宣告中华人民共和国成立，并亲手升起第一面五星红旗。从此，天安门城楼成为新中国的象征，它庄严肃穆的形象是中国国徽的重要组成部分。

从天安门城楼出来，过了金水桥，往南不远便是每天升降国旗的基座。

1990 年初，由武警部队正式接管升降旗的任务。基座的周围是 56 个金黄色铜制隔离墩围成的护栏，象征 56 个民族手拉手连心团结在国旗之下。

国庆大阅兵

从 1949 年开国大典至 1959 年建国 10 周年，每年都在天安门广场举行一次大规模的国庆阅兵，前后共举行了 11 次。

1960 年 9 月，中共中央、国务院实行"厉行节约、勤俭建国"的方针，改革国庆典礼制度，实行"五年一小庆、十年一大庆，逢大庆举行阅兵。"

1964 年国防部颁布的军队列条

广场阅兵

令中,第一次列出阅兵条款。随后,由于"文化大革命"及其他原因,中国连续24年没有举行国庆阅兵。

直到1981年,根据邓小平的指示,中共中央、中央军委决定恢复阅兵,并于1984年国庆35周年时,举行了恢复阅兵后第一次大型的国庆阅兵。

到2008年,一共举行过13次国庆阅兵,其中影响较大且最具代表意义的是开国大典、建国5周年、10周年、35周年和50周年的5次大阅兵。

梁思成等人设计的人民英雄纪念碑

矗立在天安门广场中央的人民英雄纪念碑,比天安门城楼还高3.24米,是新中国诞生后在广场修建的第一座建筑,也是中国历史上最大的纪念碑。

纪念碑采用17 000多块花岗岩和汉白玉砌成,四面设有台阶,精美的汉白玉栏杆环绕四周。

月台上边的大须弥座束腰处四面镶嵌着10幅汉白玉浮雕,记述了100多年来中国人民反对帝国主义和封建势力可歌可泣的革命斗争史。

碑身正面朝着天安门,巨大的碑石上有毛主席亲笔题写的"人民英雄永垂不朽"八个苍劲有力的鎏金大字,碑的背面是由毛主席撰文、周总理用楷书题写的114字鎏金碑文。整座纪念碑雄伟壮观,庄严肃穆,充分体现了中国人民对革命先烈的怀念和敬仰及中国人民前赴后继英勇斗争的光辉业绩。

由梁思成等人设计的人民英雄纪念碑，是在广泛征求中国的建筑界、美术界、文艺界等各界人士的意见后，在170多个方案中选出来的。浮雕的作者是中国著名的雕塑家刘开渠先生。

整座纪念碑从造型、题字、雕塑和装饰等，主题鲜明，商讨缜密，构图严谨，人物形象生动逼真。它是集体智慧的结晶。它不仅表彰了人民英雄千古不朽的光辉业绩，而且体现了中华民族艺术的特点，在中国建筑艺术的宝库中也堪称精品。

◣ 仅用10个月创造的人类奇迹

人民大会堂于1958年10月动工，1959年9月建成，仅用了10个月就完成了从设计图纸到从内到外所有装修及设备的安装调试，为建国10周年首都十大建筑之一，完全由中国工程技术人员自行设计、施工。创造了中国建筑史上的一大奇迹。

人民大会堂壮观巍峨，建筑平面呈"山"字形，两翼略低，中部稍高，四面开门，正门面对天安门广场，建筑风格庄严雄伟，壮丽典雅，富有民族特色，以及四周层次分明的建筑，构成了一幅天安门广场整体的庄严绚丽的图画。内部设施齐全，有声、光、温控制和自动消防报警、灭火等现代化设施。

内部设有中央大厅、迎宾厅与宴会厅、国家接待厅、

人民英雄纪念碑

金色大厅和各省代表厅以及港澳厅等多个多功能大厅。各省和港澳代表厅各具特色，充分体现了我们祖国各地的风俗习惯、人文景观。

其中香港厅总面积 1 728 平方米，是人民大会堂内以地区名命的面积最大的厅室，在与人民大会堂整体建筑相协调的基础上，体现香港地区文化多元化和中西交融的特色。内有一个屏风背面的巨幅彩墨画叫《荷塘香远》，反映亲人团聚的一片祥和景象，又寓意炎黄子孙同根相连，源远流长。

墙面正中的巨幅绒绣壁画《维多利亚港夜景》，是由 9 名工人飞针走线近 216 万针手工绣制而成，厅内北面的影壁上是一幅锻铜浮雕组合壁画，记录香港 150 多年的沧桑历史。

南面墙壁上的抽象壁画，表达香港和内地同心同德、共创美好明天的祝愿。屋顶中央的吸顶灯，以光点、光晕和光线的多重组合，变幻出宇宙苍穹般的神奇效果。

迷你知识卡

汉白玉

主要成分是碳酸钙，它是一种化合物，基本不溶于水。它可存在于以下形态：霰石、方解石、白垩、石灰岩、大理石、石灰华。同时，它还是重要的建筑材料。

汉白玉质地坚硬洁白，石体中泛出淡淡的水印，俗称汗线，故而得名汉白玉。

毛主席纪念堂

圣彼得广场（梵蒂冈）
——世界上最对称最壮丽的广场

梵帝冈国旗

1. 集各个时代的精华的广场
2. 圣彼得在这里被挂在倒十字架上
3. 唯一的无字碑
4. 才华横溢的建筑天才
5. 别致制服 500 年不变

■ 集各个时代的精华的广场

圣彼得广场是罗马最大的广场，可容纳 50 万人，是罗马教廷用来从事大型宗教活动的地方。它坐落在台伯河西岸，在广场的西面是著名的圣彼得大教堂，它建筑在耶稣的大弟子圣彼得的陵墓上，因而得名。

这座教堂占地 15 160 平方米，室内直径达 120 米，可同时容纳 7 万人，是世界上最大的天主教堂，它是米开朗基罗和拉斐尔等其他大师共同的杰作，历时 120 年之久方建成。

广场略呈椭圆形，地面用黑色小方石块铺砌而成。两侧由两组半圆形大理石柱廊环抱，恢弘雄伟。这两

圣彼得广场

组柱廊为梵蒂冈的装饰性建筑。

圣彼得广场朝外（即朝东）的边缘，与比奥十二世广场相连，两个广场之间有一条白石地界。它标志着梵蒂冈与意大利的国境线。

■ 圣彼得在这里被挂在倒十字架上

圣彼得，是耶稣十二门徒之一，他是耶稣第一个选的门徒。由于"伯

"多禄"在拉丁文的意思又可解作"小石",所以耶稣有时会叫做他"矶法",即亚兰文"小石"的意思。他被认为是由耶稣基督所挑选的第一位教宗。

耶稣曾在被捕之前预言,圣彼得会在鸡啼之前连续三次不肯承认认识他。结果,他在耶稣被审讯时因为害怕,果然三次不肯承认与耶稣的关系。为此,圣彼得一直都很后悔。所以后来当他在罗马殉道之时,他对行刑者要求把自己倒过来挂在十字架上,因为他自觉与耶稣不配。而在耶稣复活以后,作为对他三次不肯相认的报应,亦曾三次要求圣彼得喂养他的羊(信徒),并且预言将来他会被人处死,荣耀神。

圣彼得殉道之后,被葬在罗马城的地下墓室里。他的墓室刚好位于今日梵蒂冈小教堂的圣坛底下。由于他的墓室按照罗马人习惯绘有死者的容貌,所以他的形像千百年来在很多艺术作品中都差别不大。

唯一的无字碑

广场的中心耸立着一个高大的埃及方尖碑,碑高25.5米(加上柱础和碑上的十字架,共计高度41米),重32.7万千克。这块方尖碑本来是公元前1世纪埃及人在赫里奥城竖立的,因为罗马人自古景仰古埃及的文化艺术。公元37年,罗马皇帝加利古拉下令搬迁到罗马,装饰他皇宫旁的广场,这广场就是日后尼禄皇帝的赛马场。

据说,公元64年首任主教圣彼得就是在这个赛马场上殉道的。这

圣彼得广场

就是为什么天主教会的大堂要盖在这里的原因。公元1586年方尖碑从赛马场旧址迁移到了广场中央。罗马原有许多方尖碑，碑上大都有图案或文字，而圣彼得广场的是唯一的无字碑。

公元1586年，建筑师方大拿负责筹划在广场中央重新竖立方尖碑的施工。他下令把石碑分割成52段，从尼禄竞技场搬迁到广场的设计位置后再组合竖立。共动用了900多个工人，140匹马，47辆大车，5架滑轮起重机，历时4个月；依那时的生产力水平和施工条件而论，此项工程之艰巨和教会处理文物古迹的慎重态度由此可见一斑。

方大拿工程师起初对自己设计的搬迁方案并无把握，在搬迁以前，他已经悄悄地在罗马城外备好一匹马，打算一旦搬迁失败便迅速逃跑。

1740年，教皇克来孟十二世又在方尖碑已有的十字架上安装了一块耶稣被钉的十字架真木，进一步加强了它的文物价值和对朝圣者的观光吸引力。

庄严精致的圣彼得大教堂

才华横溢的建筑天才

广场最具特色的景观是南北两侧的巨大弧形石柱回廊。它由意大利著名建筑师、雕塑家贝尔尼尼设计建造，公元1656—1667年完成。据贝尔尼尼设想，"当基督徒走进由弧形柱廊双臂环抱的广场，就像儿女走进母亲怀抱一样。"

广场2个四排共284根德斯金式圆柱和88根方石柱组成半圆长廊，仿佛像圣彼得大教堂伸出的两条巨大手臂，柱高18米，需三四人方能合抱，廊顶有平台和石栏杆。

广场柱廊巨大的石柱、壁柱和石柱顶端，耶稣、施洗礼者约翰和11位使徒的雕像装饰着正面。朝广场一

广场中心的埃及方尖碑

侧的每根石柱的柱顶上,矗立着140尊人物雕像。他们都是罗马天主教会历史上的圣男圣女,神态迥异、栩栩如生。柱子上方那美妙绝伦的圣者塑像,仿佛定格了永恒的生命。

中央方尖碑与广场两边的回廊之间,各有一个银花飞溅的美丽喷泉。泉台高14米,10多只水柱同时喷涌,银光四射,十分壮观。状如母乳的喷泉台盘,象征着教会犹如慈母,生命之泉滋养着万民。

在方尖碑和两个喷泉之间,地面上各有一个灰白色的小圆石盘,上面镶嵌着一句意大利文:Centrodelcolonnato,意思是"柱廊中心"。

右边这一半柱廊,如果站在场内的其它地方,你能看到的是排列明显的四排柱廊;如果站在这个中心上看,则只能看见一排柱廊,即后三排与第一排的位置重叠,被挡在第一排之后。这个设计证明这四排柱都在以此为圆心的半径线上。

如果你站在左边的另一个圆心上看左半边回廊,情景也一样,这说明广场的环臂式回廊是按两个同样大小的不同心半圆对称设计建造的。贝尔尼尼如此匠心独具,堪称举世无双。

没有贝尔尼尼,罗马也就不成其

为罗马。当你置身于这座"永恒之城",你常常会与贝尔尼尼的作品相逢。圣彼得广场建筑群上的雕像,大概可以看作是作为雕塑家的贝尔尼尼最主要的作品。

圣彼得广场的雕像

此外,他在长方形大厅使徒棺椁上建造了精美绝伦的华盖,他修复了世界上最漂亮最优雅的大桥——圣安吉洛桥,他的雕塑"阿波罗和达芙妮"、"圣·特蕾莎的狂喜"和"四河喷泉"等闻名遐迩,令多少代人叹为观止……从某种意义上来说,罗马就是一座收集贝尔尼尼作品的博物馆。

60年间,贝尔尼尼曾为8名教皇服务过,直到晚年还创作不止,由此可见他的创作受到当时的教廷和社会很大程度的喜爱。

◪ 别致的制服500年不变

在教堂左侧有两个身穿古老制服的瑞士卫兵在值勤,内堂也有两个卫兵,他们身穿的别致制服500年不变,是米开朗基罗设计的,手中的长戈也是15世纪的产品。

而且这些教皇御林军的卫兵必须是瑞士籍的天主教徒,据说在16世纪初教皇受到了罗马帝国的进攻,为了保卫教皇,100多个瑞士卫兵战死在教堂外。当时的教皇非常感动,于是决定世世代代雇佣瑞士卫兵保卫教堂。游人如果想同卫兵合影留念,他们不会拒绝,但要想从这里进入教王宫,却行不通。

广场左侧竖立一块大大的宣传牌之类的牌子,牌子的意思大概是"风之圣痕"。还有一块写着"1929-2009"高挂着的很醒目的大大宣传画。这大概是纪念1929年,天主教罗马教廷与意大利政府签订《拉特兰协议》,梵蒂冈正式成为独立的城中之国,教宗对其拥有统治权。

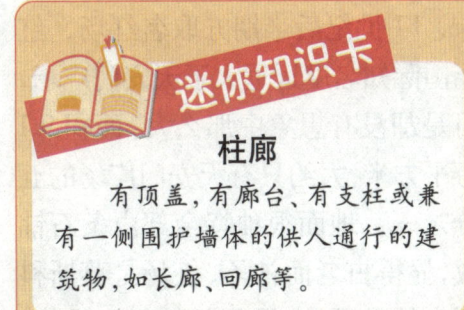

迷你知识卡

柱廊

有顶盖、有廊台、有支柱或兼有一侧围护墙体的供人通行的建筑物,如长廊、回廊等。

图说世界著名广场

3 红场（俄罗斯）
——莫斯科历史的见证

俄罗斯国旗

1. 整个城市以此为中心
2. 美丽的广场
3. 红色的墓地
4. 迷人的城堡建筑
5. 一场最"不堪入目"的阅兵

整个城市以此为中心

红场是位于俄罗斯首都莫斯科市中心的著名广场，它长700米，宽130米，总面积达9万多平方米。

整个城市以此为中心，呈辐射状一环套一环地向四面伸展，可以说莫斯科的条条道路通红场。

它原是前苏联重要节日举行群众集会和阅兵的地方。辟于15世纪末，17世纪后半期方取名红场。红场国际知名度远远大于天安门广场，可是却没有想象中那么大，面积9.1万平方米，大约只有天安门广场的五分之一。地面很独特全部由条石铺成，显得古老而神圣。红场是莫斯科历史的见证，也是莫斯科人的骄傲。

莫斯科红场

美丽的广场

在俄语中，"红色的"含有"美丽"之意，"红场"的意思就是"美丽的广场"。红场的大规模扩建是在1812年以后。那时，拿破仑的军队纵火焚烧了莫斯科，莫斯科人民重建家园时，拓宽了红场。到本世纪20年代，红场又与邻近的瓦西列夫斯基广场合二为一，形成现在的规模。

红场整个广场用赭红色方石块

铺成，油光锃亮。广场两边呈斜坡状，整个红场似乎有点微微隆起。

在广场南面，向莫斯科河微倾的斜坡上，矗立着瓦西里·勃拉仁大教堂。这座教堂是为了纪念俄国沙皇占领喀山公国和阿斯特拉罕，于公元1555—1561年修建的。

它被誉为古代俄罗斯建筑艺术的卓越代表。教堂是由大小9座教堂巧妙结合起来的，周围8座略小的教堂团团围住中间稍大的教堂，构成了一组精美的建筑群体。

9座教堂均为圆顶塔楼，中央主塔高47米，周围是8座高低、形状、色彩、图案、装饰各不相同的葱头式穹窿。

教堂用红砖砌成，白色石构件装饰，穹窿顶金光闪烁，配以鲜艳的红、黄、绿色。整座教堂洋溢着浓郁的节日气氛。在教堂前面，有爱国志士米宁和波扎尔斯基纪念碑。

红色的墓地

1918年之后，克里姆林宫的红墙和红场在天空中飘扬的红色旗帜指引下，真正成为红色革命、红色政党和红色国家的标志，共产主义者的红色中心，后来，红场还被赋予了另一个意义，就是红色的墓地。

1930年，由红色建筑师亚历山大·舒舍夫设计的红色花岗岩列宁陵墓坐落在红场的正中，革命的继承人让这位苏联的创始人安卧在这里，大概是为了让他永远检阅红色武装力量的威风。在今天，更有玄学家称，列宁墓扼守着克里姆林宫的命脉，要是把列宁弄走了，一条巨蛇就会首尾相连将克里姆林宫盘围起来，俄罗斯的末日也就到了。

在列宁陵墓后面的克里姆林宫东墙下，则是列宁主义的追随者、苏

红场上的圣瓦希尔大教堂

红场上的古典建筑

联革命家、政治领袖和军事统帅们的墓地。

今天,当列宁创建的红色国家不复存在十几年后,尊重历史的俄罗斯人依然保留着红场上面列宁的陵墓。

迷人的城堡建筑

克里姆林宫为红场最主要建筑,是俄罗斯民族最负盛名的历史丰碑,也是全世界建筑中最美丽的作品之一。它初建于 12 世纪中期,15 世纪莫斯科大公伊凡三世时初具规模,以后逐渐扩大。

16 世纪中叶起它成为沙皇的宫堡,17 世纪逐渐失去城堡的性质而成为莫斯科的市中心建筑群。克里姆林宫南临莫斯科河,西北接亚历山大·罗夫斯基花园,东南与红场相连,呈三角形,周长 2000 多米。20 多座塔楼、参差错落地分布在三角形宫墙边,宫墙上有 5 座城门塔楼和箭楼,远看像是一座雄伟森严的堡垒。

宫殿的核心部分是宫墙之内的一系列宫殿,建筑气宇轩昂,体现出历代俄罗斯人的聪明才智。另有政府大厦和各种博物馆。最具特色的是一组有洋葱头顶的高塔,它们是在红砖墙面用白色石头装饰的,再配上各种颜色外表,如金色、绿色以及黄色和红色等。

它由俄著名建筑师巴尔马和波斯尼设计,不同于欧洲古代的哥特式与罗马式,而与东方清真寺风格颇为相似。克里姆林宫也汲取了西方建筑的精髓,它的几幢主要建筑都是由意大利设计师设计的。所以,克里姆林宫建筑艺术上既博采众长又独具特色,获得普遍赞誉。

在克里姆林宫中,前苏联部长会议大厦、前苏维埃最高主席团大厦、克里姆林宫会议厅和大克里姆林宫最为重要。前苏联部长会议大厦平面为三角形,有巨大的绿色圆顶,建于高大的基座之上。

在克里姆林宫墙内，朝莫斯科河有3列高窗的漂亮建筑物就是大克里姆林宫，由古老的安德列夫斯基大厅和阿列克山德洛夫斯基大厅连接而成。宝石大厅以精美的装饰别具一格，墙边竖立着许多有华丽浮雕的螺旋柱。

宫殿西侧为一列别致的房间和冬季花园，有600多个各具特色的房间。

索皮尔纳亚广场位于克里姆林宫中央，周围环以历史、艺术和纪念性建筑，中心是大伊凡钟楼，高81米，曾经是莫斯科最高建筑。

钟楼旁有一沙皇钟，号称世界最大的钟，重20万千克。附近一件16世纪的沙皇大炮，长5.35米，口径40厘米，重4万千克，本用于守卫莫斯科河渡口与斯巴斯基大门的，但一直没发射过，可谓是个奇迹。克里姆林宫，既是最富丽堂皇的帝王住所，又是坚固的堡垒，还珍藏大量的文物。它与红场一起构成了今日莫斯科最迷人的一道风景线，让各地游客流连忘返。

一场最"不堪入目"的阅兵

1941年11月初，正值莫斯科会战的关键时期。180多万德军，1700多辆坦克、1390多架飞机、14 000多门大炮，业已兵临莫斯科城下。德军先锋机械化部队最近距莫斯科仅有25千米了。为了鼓舞苏联士兵的士气，斯大林等苏联高层毅然决定：传统的十月革命节阅兵式照常举行。

1941年11月7日清晨，一场纷纷扬扬的大雪把莫斯科所有的街道

红场无名烈士墓

染得雪白。首都军民在飘着雪花的初冬雾霭中,在红场举行了盛大的独具风格的十月革命24周年阅兵式。

整个阅兵式都是在雪中进行的,坦克、大炮和汽车都被雪覆盖着,庄严肃立的指战员们的双肩和后背都是雪。他们屏住呼吸,全神贯注地聆听从列宁墓的观礼台上传出的斯大林的声音:"红军和红海军战士、指挥员和政治工作人员、男女游击队员同志们!全世界都注视着你们,把你们看作是能够消灭德国侵略者匪军的力量。处在德国侵略者压迫下的欧洲被奴役的各国人民都注视着你们,把你们看作是他们的解放者……"

可以感到,斯大林很激动,他在心灵深处意识到在即将来临的殊死搏斗时刻,举行的这次阅兵的严肃性和特殊意义。

他接着向那些直接从红场开赴战场的人们说道:"伟大的解放使命已经落在你们的肩上。你们将不辜负这个使命!你们进行的战争是解放的战争、正义的战争。"

斯大林停顿了一会儿,深深地吸了口气,他的声音变得更加坚定:"让伟大的列宁的胜利旗帜引导你们,彻底粉碎德国侵略者!消灭德国占领者!"

当时纳粹德国军队已经到达莫斯科附近,但斯大林决定如常举行阅兵并在阅兵式上发表了著名的演说,受阅部队接受完检阅后旋即开赴前线作战。

在阅兵方阵前往红场的路上,不少的士兵满脸灰尘、衣着邋遢,甚至都不知道自己要去哪儿。阅兵现场也是比较混乱,由于各种原因分列式的徒步方阵也极不整齐。

因此,有些苏联史学家戏称,这是苏联红场阅兵史上,一场最"不堪入目"的阅兵。

但是,阅兵也极大地鼓舞了苏联军民的士气,参加完阅兵式的官兵直接开赴战场,对最终战胜纳粹军队起到了重要作用。从那以后,"红场阅兵"成为苏联(俄罗斯)政治生活中极具象征意义的事件。

迷你知识卡

阅兵

对武装力量进行检阅的仪式。通常在国家重大节日、迎送国宾和军队出征、凯旋、校阅、授旗、授奖、大型军事演习时举行,以示庆祝、致敬,展现部队建设成就,并可壮观瞻、振军威、鼓士气。

4 威尼斯广场（意大利）
——罗马曾经辉煌的见证

意大利国旗

1. "大蛋糕"和"打印机"
2. 别具特色的城徽
3. 无名英雄们睡在这里
4. 著名的"阳台演讲"
5. 广场上"巨大的镜子"

■ "大蛋糕"和"打印机"

威尼斯广场位于罗马市中心的威尼斯广场是罗马最大的广场。它呈长方形，威尼斯广场长130米，宽75米，是5条大街的汇合点。

广场中央原先是公共汽车、出租车和观光马车等的聚集地，全市的交通中枢地带。

从1980年下半年起，罗马市政府对它进行了整顿，使之更加美丽壮观。

威尼斯广场正面是绰号叫"大蛋糕"、"打字机"的白色大理石建造的新古典主义建筑：维克多·埃曼纽尔二世纪念堂。为了庆祝1870年意大利统一而建造的纪念堂，耗时25年才建成。

16根圆柱形成的弧形立面是它最精彩的部分，台阶下两组喷泉寓意深刻：右边的象征第勒尼安海，左边的象征亚得里亚海，中央骑马的人物塑像就是完成了意大利统一大业的

威尼斯广场

图说世界著名广场

威尼斯广场

维克多·埃曼纽尔二世。

建筑物上面有两座巨大的青铜雕像,右边的代表"热爱祖国的胜利",左边代表的是"劳动的胜利"。不论日晒雨淋,总有两名士兵纹丝不动地在这里守护着无名战士墓。

纪念堂右手边的玛契罗剧场大街通往科斯美汀圣母教堂,这个教堂很小很安静,但里面却有名扬世界的"真理之口"。这是一只古罗马时代的井盖,1632 年在教堂外墙边发现的。教堂本身的建筑是在 6 世纪兴建的,以柯林特圆柱和拜占廷风格的镶嵌画为装饰,也很值得一看。

教堂前还残留着罗马现存最古老的神殿方特那神殿的遗迹。

广场左侧是威尼斯宫,这是一座文艺复兴时期的哥特式建筑,在威尼斯共和国繁荣时期,这里曾经是威尼斯大使馆所在地,因此有了这个名称。

别具特色的城徽

提起意大利首都罗马来,那别具特色的一只母狼哺乳两个男孩的城徽不能不令人称奇。相传古时候,特洛伊城被希腊人攻破,特洛伊王子埃内亚逃亡到意大利台伯河的入海口,被拉丁国王招为女婿。埃内亚王子的后代创建了阿尔巴城,世袭统治着这里。

到努米托雷为王的时候,其弟阿穆利奥篡夺王位,杀死侄儿并驱逐了努米托雷,逼迫侄女西尔维亚充任不准结婚的女司祭。但西尔维亚却偷着和战神结婚并生下了一对孪生子罗慕洛兄弟。阿穆利奥国王知道后,非常生气,命人杀死了侄女,又将一对小兄弟装到竹篮里扔到正在发大水的台伯河中。

洪水退位以后,这只竹篮漂到了岸边。婴儿的哭声被一只母狼听到,这只母狼来到了河岸上,用嘴把两个孩子衔走,用狼乳救活了两个孩子,后来这对兄弟被一个牧人发现,把他们带大,还让他们练就本领,杀死了惨害他们母亲的阿穆利奥国王,迎回了外祖父努米托雷。

努米托雷把台伯河左边的一片土地赐给了外孙们,让他们共同建设一座新城。为了争当这座新城的主人,哥哥罗慕洛杀了弟弟瑞穆斯,当了国王,还用自己的名字为这座新城命名,罗马就是由罗慕洛演变来的。

每年的4月21日,罗马庆典时,人们就高举雕刻着母狼哺乳两个男孩的标记,以纪念救了他们国王的那只母狼。

无名英雄们睡在这里

威尼斯广场的西面是威尼斯大厦,东边是威尼斯保险总公司大楼,两座大同小异的大厦分别雄踞于祖国祭坛的前边。保险总公司大楼中间,有一狮像,它是威尼斯的标记。

威尼斯大厦是罗马最著名的文艺复兴式的宫殿式建筑,是由巴尔保枢机主教于公元1455年兴建的。后来大厦成为威尼斯共和国大使官邸,广场也因威尼斯大厦而得名。

从1797年起,奥地利占据大厦120年之久。

1916年意大利政府收回大厦后整修刷新。广场东侧的威尼斯保险总公司大楼,是马纳塞于1911年仿照对面的威尼斯大厦而建的。

大楼右侧24号,原先曾是艺术大师米开朗基罗居住过的地方,已被

威尼斯广场夜色

拆除。大楼的南墙与古罗马特拉意阿诺市相邻,游客在广场可以远眺那里的圆柱和教堂。

在威尼斯大厦以北科尔索大街起点处。有一座米夏利大厦,原名波拿巴大厦。拿破仑自滑铁卢战役失败后,他的母亲就一直住在这里,直至死去。

广场再往北,是著名的圆柱广场。威尼斯广场南面,有一座巍峨的白色大理石建筑,它就是卡皮托利诺山上的祖国祭坛,是意大利独立和统一的象征。它始建于1885年,于1911年落成,是为纪念意大利开国国王埃马努埃尔二世而建的。

祭坛上方刻有"祖国统一、人民自由"几个巨大的拉丁文字。纪念碑前有宽阔的石阶,两旁有镀金的象征性铜像,左方代表"思想",右方代表"行动"。

石阶前边有两个半圆形的喷泉石池,池上各卧一巨人石像,分别代表意大利东西两岸的海洋。

在中央石基高台上,是埃马努埃尔二世的高大镀金骑马铜像,高与宽均12米。铜像后面有72米长的长廊,由16根15米高的石柱建成,廊壁上刻有庆祝第一次世界大战胜利

广场周边建筑

结束的浮雕。走廊两端各有4匹铜马,拉着双轮战车,由胜利女神驾驭。

1921年为纪念为国牺牲的英雄,在纪念碑基座下增建了无名英雄墓。墓前两支火炬日夜燃烧,两旁有两个着军服的卫兵守护在那里。

卫兵后面的浮雕,左边是"工作第一的群众",右边是"爱国至上"的人民。每年意大利国庆,意大利共和国总统都要亲自主持向无名英雄墓献花圈。到意大利访问的各国首脑,通常都要到这里来献花圈致敬。

著名的"阳台演讲"

这里是罗马帝国时期建筑群的边缘地带,因此在繁忙的交通之间却参差着成列石柱与神殿;这里也是丰富罗马的魅力所在,由威尼斯广场往西北延伸而去,是天主教时期的巴洛克罗马,与东南这片异教时期的罗马,同时为这座千年古都展现绝代风华。

威尼斯广场上高大的白色大理石建筑是完成于1911年的维多利奥艾曼纽二世纪念堂,是献给意大利统一后的第一位国王的;位于纪念堂左前方的暗红建筑则是威尼斯宫,是由人文主义艺术家阿贝蒂于15世纪中叶为来自威尼斯的红衣主教所建,属于文艺复兴风格。法西斯时代,威尼斯宫被墨索里尼当作指挥总部,中间的阳台便是他对群众演讲的地方,他常在正中阳台上向民众发表煽动性的演说和训话。1943年墨索里尼垮台后,威尼斯大厦改为艺术博物馆,对外开放,成为一大景观。

广场上"巨大的镜子"

威尼斯广场每年都有几次被海潮的潮水漫过的时候,这种水漫广场的景致更是令人叹为观止。蓝天白云之下,广场一半以上的地方浸在潮水里,潮水如同在广场铺上了一面巨大的镜子,使广场上和它周围建筑的倒影,清晰的映在水中,仿佛镶嵌在水晶中一般,玲珑剔透,光彩照人。

每当这时,广场上的人群便会脱去鞋袜,在水中来回奔跑、嬉戏,尽情地享受这大自然赐予的美好景致。

迷你知识卡

祭坛

古代用来祭祀神灵、祈求庇佑的特有建筑。祭祀活动是人与神的对话,这种对话通过仪礼、乐舞、祭品,达到神与人的呼应。

5 太阳门广场（西班牙）
——马德里的精神中心

西班牙国旗

1. 面向太阳升起的东方
2. 男孩勇敢的救妈妈
3. "谣言场"和"闲谈会"的场所
4. 西班牙重大历史事件的见证人
5. 条条大路通向太阳门

◢ 面向太阳升起的东方

一提起西班牙，就会让人想起斗牛，西班牙首都马德里就是举世闻名的斗牛之城。这座位于伊比利亚半岛中央的城市，地处海拔670米的高原之上，是欧洲地势最高的首都之一。

太阳门广场是马德里的中心。最初太阳门广场旁有一个太阳门，它曾经是马德里的东大门，历时一个世纪之久。因为它面向太阳升起的东方，所以取名为太阳门。

后来由于城市的发展，交通的需要，太阳门在1570年被拆除，但马德里人没有忘记这个古老的城门，一直把这个遗址叫太阳门或太阳。太阳门广场于公元1853年从原来5 000平方米的面积扩建为1.2万平方米。广场呈半圆形，房屋建筑环绕四周，

太阳门广场

建筑物的空隙之间有10条街道，以广场为中心向四外放射。

保安局大楼是太阳门广场中最突出的建筑物，这是一座18世纪末新古典风格的宫殿式建筑。建成后，曾作为马德里的中心邮局、陆军司令部、内政部等。

楼顶的钟楼是公元1867年加建的。此后，西班牙人就把这座大钟表示的时间视为"标准时间"。在保安局大楼门前的广场马路边，游人都要

亲眼目睹地上的全国公路"零公里"标记。该标记是用彩色石子镶嵌的直径约33厘米的圆环，环内有伊比利亚半岛的地图，地图中央标有"零公里"的字样。

西班牙用"零公里"为起点，全国公路的里程碑都从这里向外计算。太阳门广场还是马德里市门牌号的起点。

男孩勇敢地救妈妈

这个广场中央有一座花坛，坛内树立着一座攀依在莓树上的棕熊的青铜塑像，它是马德里的城徽。说起这个城徽来，还有一段有趣的故事呢。

原来马德里的原意是"妈妈快跑"的意思。传说很早很早以前，有一天，一个小男孩跟妈妈出来玩，他很淘气，跳呀蹦的，走哇走哇，就远离了妈妈。

正当他想往回找妈妈的时候，忽然碰到了一只棕熊。小男孩撒腿就跑，棕熊在后面紧追不舍，情急之中，小男孩蹭蹭几下就爬上了一棵大树。

他刚在大树上喘了几口气，忽然听到了妈妈的喊声，原来妈妈在找他。可是树底下的那头棕熊正在寻找自己呢。妈妈看到这个场面，肯定要来救自己的，那棕熊就会去伤害妈妈。想到这里，他在树上冲着妈妈大声疾呼："妈妈快跑——妈妈快跑

广场一角

——"有人说他的喊声引来了猎人，有人说他的喊声吓跑了棕熊，可是不管有多少说法，这个勇敢的男孩给这座城市留下了一段美丽的传说。

"谣言场"和"闲谈会"的场所

太阳门广场是马德里市民政治活动中心和商业中心。闻名于世的"谣言场"和咖啡馆中的"闲谈会"都在这里。

大约从16世纪起，太阳门广场西边圣费利佩教堂门前宽阔的台阶就成了有名的"谣言场"。当时这个台阶前常聚集一些马德里游手好闲的人，他们之间经常传播社会新闻和谣言。

久而久之，这个地方的名气越来越大，后来，一些社会名人、知识分子也常来此凑热闹，甚至连西班牙文学大师塞万提斯和戏剧奠基人洛佩·德维加也常光顾这里。再后来教堂被火烧掉了，"谣言场"移到了广场东面苏塞索教堂的台阶上。

到19世纪马德里的第一张报纸问世的时候，这个谣言场才没有了。马德里人爱喝咖啡，光咖啡馆就有7 000多家，朋友或者熟人遇到一起，以在咖啡馆聊天为乐事。

"闲谈会"就是过去马德里的名人在咖啡馆联络感情、神聊或者评论时事的产物。由此可见，太阳门广场在当时的马德里具有举足轻重的位置。

广场上的喷泉

西班牙重大历史事件的见证人

几百年来，太阳门广场还是西班牙重大历史事件的见证人。公元1765年西班牙国王查理三世采取在帝国范围内放宽贸易垄断政策以后，西属美洲资本主义因素日益发展。但土生白人经济地位的加强反而使宗主国特权集团与殖民地上层土生白人的矛盾更加激化。

欧洲启蒙运动思想的传播，对殖民地的革命思想的形成产生了深远的影响。公元1789年法国大革命爆发后，西班牙停止进行自上而下的改革，激起殖民地人民的不满。

海地革命揭开了美洲殖民地独立革命的序幕。1808年，拿破仑一世出兵占领西班牙。1808年5月2日，西班牙人不畏拿破仑的淫威，在太阳门前浴血奋战，拉开了西班牙独立战争的序幕。

1812年资产阶级革命爆发，西班牙遭受到了英国的封锁，而它的殖民地第一次与母国统治者断绝音讯，开始与英国独立进行贸易。其后，它们在南美洲击退了英国的入侵，这进一步鼓励了殖民地的独立倾向。

最初，殖民地议会宣布支持斐迪南，希望在议会已经起草的自由派宪法的框架下从马德里获得更大的自治权。这时的西班牙议会流亡到了加的斯。

1812年，加的斯议会创立了第一部现代西班牙宪法——1812年西班牙宪法。西班牙议会通过的第一部宪法，最先在太阳门广场公布于世。宪法将主权赋予了西班牙人民。

主权由一院制议会来行使。议会由间接的普选产生。但当时的文盲、妇女、奴仆和所有殖民地的非西班牙人都没有选举权。制定法律的

广场上的雕塑

权力仍保留给议会和国王。

但要注意的是,与英国"国王在议会中"的制度不同的是,西班牙实行的是"议会和国王并行"的制度。当然,这时的加的斯议会还不能是完整意义上的代表机关,但这部宪法所体现的激进自由主义,标志着西班牙现代议会传统的开始。

条条大路通向太阳门

太阳门广场四周建筑的商业店铺鳞次栉比,以广场为中心放射出的10条街道,全部是商业街。五光十色的橱窗,琳琅满目的商品,让人目不暇接,广场周围繁华的商业街与马德里人民的生活息息相连。

马德里人民热爱太阳门广场保安局大楼楼顶上的大钟,视这座大钟的时间为标准时间。相当长一段时间,人们以到这里来对表为荣耀,虽然在有了电台、电视台以后,没有人再到这里来对表了,但人们仍然喜欢这座钟楼。

在夜幕降临的时候到太阳门广场,那里不仅汇集了各大服装店和百货公司,还有小店里做出的美食,最让人开心的是,这里也挤满了民间艺人,简直就是热闹非凡,广场上聚集的人也一下子多了起来。穿着墨西哥传统服饰的艺人,一边弹奏着小琴,一边载歌载舞,还会邀请路人一起加入他们的队伍。

每当除夕之夜,成千上万的人群便涌向这里,辞旧迎新之际,太阳门广场上古钟楼响起悠扬的钟声之时,每个人便迅速吞下手中的12粒葡萄,祈愿第二年12个月万事如意,月月交好运。吃过葡萄之后,人们开始饮酒、跳舞、唱歌,欢度佳节,直到第二天的黎明。这个传统从19世纪一直延续到今天。

现在的太阳门也是所有市民的生活中心,这里有各大百货公司及商店,而广场旁的巴士站也是最重要的转车站,你要到马德里什么地方,先到太阳门准没错。在西班牙,完全可以说:条条大路通向太阳门。

迷你知识卡

棕熊

别名马熊。哺乳动物,属于脊椎动物门。食肉,主要分布于山区。体重通常雄性可达540~650千克而雌性为150~300千克,但体形大的并不少见,不少的雄性能达到600千克,而且过冬前的体重会比平时大得多。

6 协和广场（法国）
——皇家的开放式广场

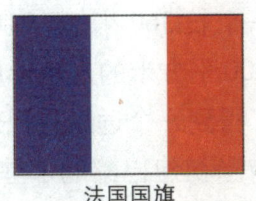
法国国旗

1. 浪漫之都的血腥历史
2. 远景透视的浪漫情怀
3. 上演真实历史剧目的大舞台
4. 仿造圣彼得广场的喷泉
5. 时间凝结成的历史

▌浪漫之都的血腥历史

一提起法国巴黎，人们就会想到香榭丽舍大街，因为它是巴黎的象征，巴黎的许多名胜古迹都由它连接起来。

在香榭丽舍大街的东部就是著名的协和广场。巴黎协和广场位于巴黎市中心、塞纳河北岸，是法国最著名的广场和世界上最美丽的广场之一。广场始建于1757年，是根据著名建筑师卡布里耶的设计而建造的。因广场中心曾塑有路易十五骑马雕像，1763年曾命名"路易十五广场"。大革命时期又被改名为"革命广场"。1795年又将其改称为"协和广场"，后经名建筑师希托弗主持整

协和广场上的方尖碑

修，最终于1840年形成了现在的规模。

说起"协和广场"这个名字，有着一段并不和协的历史，甚至是血腥的历史。之前我们提到协和广场原名为"路易十五广场"，中间铸造的路易十五的骑马雕像，显示着其在位时期的威严。

在1789年法国大革命时期，雕

像被革命人民推倒，并改建了断头台，易名为"革命广场"。国王路易十六及其王后就是在这里被送上了断头台，其后也亦有数千人在此被处决。

有个传说：当年由于这里血腥味道太浓，以至于一群牛从这里经过时都戛然止步，不想经过此地而改道绕行了。直到广场被重建，为了纪念战争年代的结束，满足人民祈望和平的愿望，"革命广场"更名为"协和广场"。

远景透视的浪漫情怀

协和广场由当时任职于路易十五宫廷的皇家建筑师雅克·昂日·卡布里耶设计建造，工程历经20年，于1775年完工。

卡布里耶首先为协和广场设计了一个长360米，宽210米，总面积84 000平方米的八角形广场的雏形。为了得到一个远景透视效果，他选择了与当初建巴黎的那些皇家广场不同的方案。

他将协和广场设计成一个开放式的广场：人们在此可远眺杜乐丽花园的千叶起舞，可俯视塞纳河的波光荡漾。广场两端有卡布里耶的另外两部杰作：法国海军总部和克里翁大饭店为协和广场划出了终点线。

1778年，在现在成为高级酒店的巴黎克里翁饭店里，法国曾经与美

协和广场一角

国缔结法美同盟条约及通商友好条约,承认美国独立。

上演真实历史剧目的大舞台

协和广场是法国国王路易十五为了向世人展示他的集权统治以及皇权的至高无上而建的,但在之后的法国大革命时期,它又被法国人民当作摧毁王权的舞台,在此上演了一出出广为世人所知的人间悲剧。

协和广场的喷泉

在1792到1794年间的恐怖统治时期,共和军曾在此广场处决了国王路易十六,皇后玛丽·安托瓦奈特等大约1 100名皇室成员及保皇派。结束了他们性命的这座曾设在协和广场上的断头台,据说还凝聚了被它断头的国王路易十六的"智慧"。

它起初的设计是为了"以人道主义精神,迅速、无痛地处决死囚"。路易十六在为断头台的设计出谋划策时绝对不会想到他也是在为自己设计死亡方式。

宣判路易十六死刑的18世纪法国资产阶级革命时期雅各宾派政府实际首脑罗伯斯庇尔,也是个法国历史上极具戏剧性的人物。他曾因反对极刑而辞去法官职务,后来在大革命时期又是他强烈主张以极刑处死国王路易十六。

处死路易十六后,他不再满足于对王党分子的审判,一切不能与他保持绝对一致的人都成为了他清除的对象。丹东就成了这场清洗运动的牺牲品。同样在罗伯斯庇尔的主张下,这位新共和国政府首脑于1794年4月5日在协和广场上被处死。

在路易十六被处死一年多之后,1794年8月,为法国大革命作出杰出贡献的罗伯斯庇尔最终也被推上了协和广场的断头台。是否冥冥之中真有因果报应?如同路易十六设计断头台时的状况一样,罗伯斯庇尔在宣布路易十六死刑时怎么也不会料到自己也会背负着与路易十六同

广场上的古灯柱

样的命运。这就是历史,无法预知,无法左右,无法改写。

历史有惊人的巧合,那些创造历史的人是再也看不到了,但我们这些书写历史的人却看得很清楚:路易十六、丹东、罗伯斯庇尔,这3个曾把握法国命运的人,死于同一个刽子手手下,死于同一座广场之上。

协和广场一直像个上演真实历史剧目的大舞台。过去,人们曾来这里观看大革命的恐怖屠杀,现在,人们来这里则是为了感受历史发展,体味都市变迁。

站在广场的中心放眼宽广的香榭丽舍田园大道,可以一眼望到路尽头的凯旋门,还可看到左右两边著名的国民议会大厦、波旁宫和玛德兰大教堂。

◪ 仿造圣彼得广场的喷泉

在1835至1840年之间,协和广场上又增设了两个场景宏大的喷泉和一些装饰华丽的纪念碑。纪念碑以船首图案装饰,是巴黎城的象征。

两个喷泉则是着重体现当时法国高超的航海及江河航运技术。实际上这两个喷泉只是罗马的圣彼得广场喷泉的仿制品,广场的北边是河神喷泉,广场的南边是海神喷泉。

在著名的圣彼得广场上,广场正中央耸立着埃及方尖碑,两旁各有美丽的喷泉,围着这片广场的两边还各有两排排列整齐的高大石柱,形成两条圆弧形的走廊包围着这个广场,廊顶还立着142尊圣人的雕像,整片广场气势雄伟,廊柱是其观看的重点,尤其是当阳光洒进来的时候,光影的效果非常好。

在方尖碑与喷泉间,左右地面上各有一个小圆盘石标志,上面竖着廊柱的中心点,只要站在这圆盘石向柱廊望去,原来四行交错排列的柱廊则成为一条直线。这正是贝尔尼尼独特的设计巧思,令人称奇。

这一构思被协和广场充分运用到设计中,虽然是仿造的,但也算惟妙惟肖。

时间凝结成的历史

埃及方尖碑广场正中心矗立着一座高23米,有3 400多年历史的埃及方尖碑,这是1831年由埃及总督穆罕默德·阿里赠送给法国的,碑身的古文字记载着古埃及拉美西斯法老的事迹。当初运输这块23米高、23万千克重、由一块完整的巨形玫瑰色花岗岩雕琢而成的方尖碑,可谓是大费周折。

从埃及卢克索到法国巴黎一路的千难万险和千波万折可以成就一篇空前绝后的英雄史诗。最终,这座方尖碑在经历了两年半的海上航行之后于1836年10月运抵法国。

路易·菲利普把这座方尖碑当作他在保皇派和共和党之间政治中立的象征标志立在了协和广场上。这座方尖碑在3 000多年前被雕成后一直与它的孪生兄弟——另一块一样的尖碑一起,一左一右的守护在埃及卢克索的底比斯神庙的大门两侧。

碑身纵向刻有三行古埃及象形文字,记述了拉美西斯二世及拉美西斯三世法老的故事。人们在安置方尖碑时还开发出了它的另一个功用:它成为了一个巨形日晷的晷针,而协和广场则成了"晷面"。

每天随着日移地转,方尖碑在协和广场上一分一秒默默地投下时间,

迷你知识卡

路易十六

法国国王,路易十五之孙,法兰西波旁王朝复辟前最后一任国王,也是法国历史中唯一一个被处死的国王。

路易十六制锁的技术很高,且极富创意。法国大革命爆发后,路易十六被迫组织立宪派拥立资产阶级掌握实权。1792年法国民众组成的义勇军打退了他国的侵略者,成立法兰西第一共和国。

7 西班牙广场（意大利）
——情侣的浪漫天堂

意大利国旗

1. 奥黛丽·赫本曾坐在这里吃冰激凌
2. 拜伦和雪莱最喜欢去的广场
3. 精致的圣三一教堂
4. 奢侈品在这里很平常
5. 罗马最华丽的喷泉

■ 奥黛丽·赫本曾坐在这里吃冰激凌

西班牙广场是旧时西班牙总督旧址，位于阿加纳市关岛1号与4号公路的交叉口。广场内有包括总督邸宅、花园、巧克力屋、西班牙拱门等建筑物。

它位于意大利罗马圣三一教堂所在的山丘下，电影"罗马假期"即在此拍摄，奥黛丽·赫本扮演的安妮公主就坐在这台阶上舔冰激凌。这经典的一幕，使西班牙广场名声大振，这里的台阶成为众多影迷心中的圣地。

自从奥黛丽·赫本走过后，西班牙广场与许愿池就布满了情人的足迹。不少情侣会买一个蛋筒冰激凌

西班牙广场上人来人往

在西班牙台阶坐坐，重演《罗马假日》中赫本和派克的浪漫。大多的游客买一个冰激凌在西班牙广场的台阶坐下，体会安妮悠然自得的心境，纪个影做留念，真的也很惬意。

阶梯下左侧的墙壁上记载着：1821年诗人济慈于此亡故。阶梯上特有的法国风味设计和广场上的一些

英国咖啡馆,呈现出完全不同的气氛。

◤ 拜伦和雪莱最喜欢去的广场

西班牙广场上的咖啡馆是济慈、拜伦、雪莱等文人最爱去的场所。特别是位于康多提大街上的 Greco 咖啡馆,此为罗马最古老的咖啡馆。Greco 咖啡馆不但为英国诗人聚集之处,各地的艺术家也常在此一展长才,如意大利雕刻家卡诺瓦、丹麦雕刻家杜巴森,作家易卜生、果戈里,音乐家萧邦、白辽士、比才、李斯特;此外,意大利人所崇拜的大文豪哥德,其名作《塔里夫斯的公主》就是在此完成的。

由于附近艺术家云集,通往波波洛广场的巴别诺街也被誉为罗马艺术家气息最浓厚的街道,该街上有许多从事"第八艺术"的电影演员都在此购屋居住。广场中央有巴洛克式的建筑巨匠贝尔尼尼所设计的喷水池,是夏日年轻人的避暑胜地。

西班牙的广场台阶是最出名的,被称为"意大利人设计、法国人出资、英国人游览、如今被美国人占领",实际上是 1725 年得到法国大使的援助后修建的,又因为西班牙使馆在这

西班牙广场

里，所以取名西班牙台阶。

台阶前面的"破船喷泉"前，人们排队等着拍照，一片热闹景象。这座喷泉是贝尔尼尼父亲的作品，创意来自于特韦雷河的一次决堤，一只小舟被水推到这里。

广场四周英国式的茶馆，是18世纪建成的，曾经被取名为英国人的犹太区。司汤达、巴尔扎克、瓦格纳、李斯特、勃朗宁等大文豪和艺术家们都在这一带居住过。

西班牙台阶右侧还保存有济慈的家。现在的济慈、雪莱纪念馆，除了他们个人的资料外，还展出有拜伦等人的手稿、书信、照片等丰富的资料。这里是文学爱好者必去瞻仰的地方。

精致的圣三一教堂

从西班牙广场往上看，山坡上的教堂就是圣三一教堂（又称圣三山教堂），这间教堂是1495年由法国人所建，从教堂的一对钟塔和窗子，可以看得出它是属于哥特式的建筑，不同于在罗马较常见到巴洛克式的豪华和精雕细琢的感觉。

连接这座教堂和广场之间的西班牙石阶，其实也是观光重点，这个阶梯是有曲线的，从下而上结合了曲线和直线，以优美的线条连接而上，

西班牙广场博物馆

西班牙广场风光

中间还有一座花台，在春天开满了杜鹃花，更增添美感。

圣三一教堂里有不少人，然而听不到什么声音，有人在做礼拜，教堂的人都很虔诚很静默，来到这种地方，似乎会受一种无形的约束，自然而然地就会顺应这种氛围。大门彩玻璃上的宗教图像很简单，与教堂肃穆的气氛相和谐，还有耶稣殉难的雕塑，塑造得很精致。

◤ 奢侈品在这里很平常

欧洲处处是购物天堂，而意大利可说是"天堂中的天堂"。在罗马，从特别高级的用品到时髦的小东西样样俱全，是欧洲最容易买到又好又便宜东西的地方。除了时装首屈一指外，罗马的皮具、文具、瓷器、玻璃制品，都是享誉世界的。

罗马的大型百货公司在欧洲并不出色，但有许多精致的小店，从鼎鼎大名的名牌到默默无闻、但商品品质非常高的商品都有。名店如 Etro，Prada 和 Gucci，在罗马都只是一间小店。因为是原产地，价格都较为便宜，而且正因为小，所以店员往往有更出色的产品知识，也能享受更好的服务。

如果只追逐名牌而忽视了那些小店会非常可惜，因为几乎每家小店都有自己的货源，甚至是自制自销的货色，常有意外的惊喜。就是在街道中不起眼的小店，也能购买到很合心意的真皮挂包——还可以讲价的。在罗马，这类小店多集中在"西班牙台阶"对面的几条街道上。

◤ 罗马最华丽的喷泉

一路走来，最后一定要去罗马

的许愿池转三圈，投一枚硬币。这样就可以在此生再次回到罗马。这是一个虔诚的游戏，是电影《罗马假日》经典镜头之一。《罗马假日》风靡全球后，许愿池更成为罗马最著名的喷泉。这是情侣们最不能错过的地方。

许愿池原名叫特雷维喷泉，是罗马最华丽的喷泉。它的主体是一座巨大的寓示海神得胜归来的群雕。池中有一个巨大的海神，驾驭着马车，四周环绕着西方神话中的诸神，两旁则是水神，海神宫的上方站着四位少女，分别代表着四季。

每一个雕像神态都不一样，栩栩如生。整个雕像群镶嵌在一座建筑物上，清澈的泉水从雕像底部倾泻而出。

喷泉背后是雄伟的宫殿，设计师萨维巧妙地借景，使喷泉与宫殿雕塑融为一体，更显壮观。

这个喷泉还有一个更为浪漫的名字，叫"少女泉"。宫殿墙面上的浮雕讲述着喷泉的来历。

传说一群刚从战场上归来、饥渴难忍的士兵们向一位美丽的罗马少女询问水源，少女将他们带到了这泉眼所在的位置，阿格里帕将军按照她的指示找到泉水，修建了水道。"少女泉"因此而得名。然而它还有一个更著名更美好的名字——"许愿泉"。

成千上万的游客来到了罗马都乐于拿出一枚硬币许愿，所以每隔一两天的时间，水池内累积的硬币金额便可达数百欧元，这些钱通常由当地一家清洁公司全部打捞上来，其中的一半会被转交给一家名叫博爱的罗马天主教慈善机构。

有人说，欧洲是一个童话。的确，它就是一个童话，它是那么浪漫而又有诗意！有人说，欧洲是一张张明信片。的确，它一步一景，让人宛如在画中！欧洲积淀了太多的文明，它是上帝最为眷顾的地方！而罗马又是欧洲具有最古老的文明和浪漫的地方。

迷你知识卡

雪莱

珀西·比希·雪莱珀西·比希·雪莱，是英国文学史上最有才华的抒情诗人之一。其一生见识广泛，不仅是柏拉图主义者，更是个伟大的理想主义者。创作的诗歌节奏明快，积极向上。

8 五月广场（阿根廷）
——阿根廷的象征

阿根廷国旗

1. 共和国的神经中枢
2. 向五月革命的英雄们默哀致敬
3. 政治生活的焦点
4. 历史上的多次修建
5. 环绕广场的重要地标

◢ 共和国的神经中枢

阿根廷是南美洲一个美丽、富饶的大国。它西靠安第斯山，东濒大西洋，气候宜人，是南美洲一个著名的旅游国家。首都布宜诺斯艾利斯被誉为"西半球的巴黎"。

五月广场是阿根廷首都布宜诺斯艾利斯的重要广场，自1810年（阿根廷"五月革命"爆发）起，便是阿根廷举办重大政治活动的场所，同时也是阿根廷的政治焦点。五月广场在阿根廷人眼中的地位是非同一般的。

五月广场被阿根廷人视为共和国的神经中枢。其前身是"大广场"或称"胜利广场"，与布宜诺斯艾利斯城同时诞生，已经有400多年的历史。1810年5月25日，布宜诺斯艾利斯市民来到广场，宣布脱离西班牙统治，成立拉普拉塔临时政府，从此

金字塔尖型纪念碑

开始了建设独立国家的进程。五月广场不仅是布宜诺斯艾利斯市发展的历史见证，也是阿根廷共和国独立的纪念地，是阿根廷的象征。

五月广场是布宜诺斯艾利斯的

心脏。广场中心矗立着13米高的金字塔尖型纪念碑,是为纪念在1810年五月革命中献身的爱国志士而修建的。1815年5月25日揭幕时,在纪念碑前通过了拉普拉塔联合省(即阿根廷的前身)独立规约。

1816年7月9日在这里宣布了拉普拉塔联合省《独立宣言》。最初,这座纪念碑的基座是两层的,碑顶装饰着花瓶。

1856年,阿根廷著名画家、建筑师普利里蒂阿诺·普列伊顿加以改建,塔尖上竖起一座自由女神塑像。纪念碑四周有绿茸平整的草坪、四季怒放的花卉、清澈晶莹的喷泉和往来啄食的群鸽。

向五月革命的英雄们默哀致敬

五月广场东侧是一座西班牙式玫瑰色建筑物,这就是被称为玫瑰宫的政府宫。宫墙呈玫瑰色、粉红色,故称玫瑰宫。这是一座具有西班牙建筑风格的宏伟建筑。

宫前是阿根廷英雄、国旗的设计人和五月革命领导人之一的贝尔格拉诺将军英姿勃勃的骑马铜像。人们崇敬这位英雄,铜像前终年鲜花不绝。玫瑰宫二层是总统府,地下一层为博物馆,里面陈列着阿根廷历届总统的塑像和重要的历史文物。

广场西侧有一座建于18世纪的典雅的白色小楼,二层楼有阳台,是布宜诺斯艾利斯市最早的市议会,1810年从这里发出了争取阿根廷自由和解放的第一声呐喊。这座典型的西班牙殖民时代的建筑物,现在是卡维尔多历史博物馆。

五月广场以北是商业区。这里有著名的佛罗里达大街,大百货公

五月广场

俯视五月广场

司、大商店和纽约、巴黎、伦敦一些公司的分支机构都集中在这里。附近的圣菲大街、科连特斯大街也是商店、影剧院和夜总会集中的地方。

从五月广场向西有一条 30 米宽、1 000 千米长的五月大街，具有罗马和希腊建筑特点的绿色尖圆屋顶的议会大厦就在这条街的深处。大厦的主体由刻着花纹的大理石圆柱支撑着。

大厦高层布满了精美的浮雕。大厦前面的广场叫议会广场，广场中心有一座纪念 1813 年制宪大会和 1816 年议会的两议会纪念碑。这座纪念碑是首都雕塑艺术的珍品。

五月广场的西北面是具有 200 多年历史的大教堂。这座大教堂的墙壁上有一个熊熊燃烧着的火炬，这就是有名的"阿根廷火焰"。这火焰是 1950 年为纪念圣马丁逝世 100 周年开始点燃的。

火焰下面有一块铜牌，上面写着"这里安放着圣马丁将军和独立战争中其他无名英雄的遗体。向他们致敬吧！"墓旁立着圣马丁纪念碑，碑上有许多纪念五月革命的雕塑，铭刻着圣马丁的名言和独立战争中英雄们的业绩。

每当国庆节（5 月 25 日）、独立日（7 月 9 日）和其他重大节日，阿根廷总统和高级军政官员都要在"阿根廷火焰"照耀下，徒步走到圣马丁灵寝前默哀致敬。

政治生活的焦点

五月广场一直是布宜诺斯艾利斯政治生活的焦点。这个名称是为了纪念 1810 年发生的五月革命，它开启了 1816 年的西班牙解放战争。

1945 年 10 月 17 日，CGT 工会联盟组织群众在五月广场示威，要求释放正被关押的胡安·贝隆，他不久就成为阿根廷总统。

在他任职期间，每年的 10 月 17

日在五月广场都会举行贝隆主义运动以表示对其领导人的支持（这一天也是所谓的"忠诚日"）。其他许多民主化和军事化总统也从阿根廷总统府的阳台向人民致敬。

1955年6月16日，一次民粹主义领导人在广场集会，尝试推翻贝隆总统，却遭到炸弹袭击，364人死亡。1974年，连任3届的贝隆总统被推翻。

6月12日，贝隆最后一次出现在该广场，与极左派发生激烈冲突，导致了长达2年的暴力镇压，最终发生政变。1982年4月2日，人民又一次聚集在几个地方庆祝"真正的"总统莱奥波尔多·加尔铁里入侵福克兰群岛，即马岛战争。

阿根廷五月革命是发生在南美洲西班牙殖民地的第一次独立运动。当时拿破伦入侵西班牙，推翻了西班牙国王斐迪南七世，任命自己的兄长约瑟夫为西班牙国王，西班牙在南美洲的殖民地拉普拉塔总督辖区（包括现在的阿根廷、玻利维亚、巴拉圭和乌拉圭）丧失了宗主国的支持。

1810年5月13日一批英国军队在蒙得维的亚登陆，证实了关于西班牙形势的流言是真实发生的。5月阿根廷人民发起独立斗争反对西班牙殖民统治，历时一周，最后一天5月25日，布宜诺斯艾利斯市民来到广场，宣布脱离西班牙统治，成立拉普拉塔临时政府，从此，开始了建设独立国家的进程。直到1816年阿根廷正式独立。

广场喷泉

现在5月25日是阿根廷的独立日，是阿根廷的全国性节日。

历史上的多次修建

五月广场的由来可追溯到亚松森代理总督胡安·德卡拉伊时期，当时便是由他于1580年着手开始修建广场。殖民者的到来，使得德卡拉伊不得不中途放弃将该广场建成中心广场的计划。1661年，当地官员买下了东边的一半，从此这部分就成了阿莫斯广场。

经过一个世纪的过度使用和失修，当地殖民政府打算将广场进行装饰，横穿南北修建了一条柱廊。工程于1804年完成，这个罗马式的建筑成为了广场市场，而柱廊的西面则成了维多利亚广场。

这一区域被分为两个广场的历史一直被延续着，1811年时，这里修建了一座五月金字塔，这是一座为了纪念在"五月革命"中献身的爱国志士的纪念碑。

不过，也就在那一年中，布宜诺斯艾利斯的市长将广场进行了重新规划，规划的结果就是将柱廊毁掉，而重新创造了一个更加现代化的五月广场。

如今，五月广场以其独特的魅力吸引着众多的国内外游客。可以说，五月广场是前往阿根廷旅游必去的地方，因为这里是阿根廷的象征。

环绕广场的重要地标

今天，五月广场仍然是游览布宜诺斯艾利斯一个不可缺少的旅游景点。

环绕广场有该市一些重要的地标：卡比尔多（殖民地时期的市议会）、玫瑰宫（阿根廷总统府）、布宜诺斯艾利斯主教座堂、五月金字塔、贝尔格拉诺将军骑马雕像、目前的市政厅，以及国家银行的总部。布宜诺斯艾利斯金融区也位于广场。

迷你知识卡

议会

又称国会，议会起源于英国，是从封建性质的等级会议演变而来的。1265年贵族孟福尔以摄政名义召开由贵族、僧侣、骑士和市民参加的会议。

1688年"光荣革命"后，议会于1689、1701年通过《权利法案》和《王位继承法》，赋予议会立法、决定财政预算、决定王位继承、监督行政管理等权力，从此议会成为代表资产阶级利益的最高立法机关。

图说世界著名广场

9 圣马可广场（意大利）
——世界上最美丽的客厅

意大利国旗

1. 巨大的化妆舞会
2. 巍峨壮观的圣马可大教堂
3. 演唱会和狂欢节相聚在此
4. 拿破仑翼大楼
5. 最佳的徒步游览区

▰ 巨大的化妆舞会

圣马可广场又称威尼斯中心广场，一直是威尼斯的政治、宗教和传统节日的公共活动中心。它被拿破仑称为"世界上最美丽的客厅"。

圣马可广场是由公爵府、圣马可大教堂、圣马可钟楼、新、旧行政官邸大楼、连接两大楼的拿破仑翼大楼、圣马可大教堂的四角形钟楼和圣马可图书馆等建筑和威尼斯大运河所围成的长方形广场。长约170米，东边宽约80米，西侧宽约55米。广场四周的建筑都是文艺复兴时期的精美建筑。

每年2—3月间，盛大的威尼斯狂欢节游行把圣马可广场变成了一座巨大的化妆舞会，人们戴上面具，穿上古怪的服装，隐藏起身份，尽情释放欢乐。

▰ 巍峨壮观的圣马可大教堂

巍峨壮观的圣马可大教堂坐落于广场西边，圣马可大教堂矗立于威尼斯市中心的圣马可广场上。教堂

鸟瞰圣马可广场

圣马可广场

的前身是建于9世纪用来供奉威尼斯的守护者圣徒圣马可的小教堂，在火灾后重建，于公元1073年完成主结构，至于它曾是中世纪欧洲最大的教堂，是威尼斯建筑艺术的经典之作，它同时也是一座收藏丰富艺术品的宝库。

教堂建筑遵循拜占庭风格，呈希腊十字形，上覆5座半球形圆顶，为融拜占庭式、哥特式、伊斯兰式、文艺复兴式各种流派于一体的综合艺术杰作。

教堂正面长51.8米，教堂的正面5个入口及其华丽的罗马拱门是陆续完成于17世纪，在入口的拱门上方则是5幅描述圣马可事迹的镶嵌画，分别是《从君士坦堡运回圣马可遗体》、《遗体到达威尼斯》、《最后的审判》、《圣马可的礼赞》、《圣马可运入圣马可教堂》等5个主题，金碧辉煌。

正面中央拱门上方有4匹复制的青铜马，真品收藏在教堂内，是西元前4世纪的青铜作品，威尼斯人在公元1204年从君士坦丁堡（现在的土耳其伊斯坦堡）掠夺来的，虽然曾被拿破仑带回巴黎，但后来又回到了威尼斯。

顶部有东方式与哥特式尖塔及各种大理石塑像、浮雕与花形图案。藏品中的金色铜马身体与真马同大，神形兼俱，惟妙惟肖。教堂又被称之为"金色大教堂"。

圣马可大教堂是威尼斯的骄傲，圣马可大教堂是基督教世界最负盛名的大教堂之一，是第四次十字军东征的出发地。威尼斯的荣耀，威尼斯的富足，当然，还有威尼斯的历史和信仰，尽在于此。

大教堂建于11世纪，以后时有增修。今天，大教堂是东方拜占庭艺术、古罗马艺术、中世纪哥德式艺术和文艺复兴艺术多种艺术式样的结合体,结合得和谐,结合得协调,美不胜收,无与伦比。

大教堂有5个圆圆的大屋顶,这是典型的东方拜占庭艺术,但供奉的却是一个西方的圣人。大教堂内外有400根大理石柱子,内外有4 000平米面积的马赛克镶嵌画。

教堂内部从地板、墙壁到天花板上,都是细致的马赛克镶画作,主题涵盖了十二使徒的布道、基督受难、基督与先知以及圣人的肖像等,这些画作都覆盖着一层闪闪发亮的金箔,使得整座教堂都笼罩在金色的光芒里,难怪教堂又被称之为黄金教堂。

最值得参观的是教堂中间最后方的黄金祭坛,高1.4米、宽3.48米,上共有2 000多颗的各式宝石,如珍珠、祖母绿和紫水晶等;中央的圆顶则是一幅耶稣升天的庞大镶嵌画,是由一群威尼斯非常优秀的工匠在13世纪所完成的。

这座伟大的教堂在1807年之前一直是威尼斯总督的私人礼拜堂。在地震倒塌之后,威尼斯人又迅速的将它重建了起来,于1912年4月25日正式启用。楼高96米,内部有电梯可达最顶端,让游客眺望威尼斯的全景。

从圣马可教堂可进入总督府的一楼中庭,然后由东侧的黄金阶梯可

圣马可广场

上到二、三楼,有不同的厅室开放游客参观,在每一间厅室里都有非常漂亮的湿壁画。

最值得一看的是三楼的会议大厅,可同时容纳2 000人,在总督宝座的后面是一幅非常巨大的壁画,是由威尼斯知名画家丁特列多在1590年所绘制的《天国》,占满了整面墙,高7.45米宽21.6米,是全世界当时最大的一幅油画,即使在今天也算是非常少有的巨幅画作,它是威尼斯艺术巅峰时期的代表作。每天从世界各地来瞻仰和欣赏大教堂的人成千上万。

◤ 演唱会和狂欢节相聚在此

广场入口有两个高高的柱子,一个上面是威尼斯的代表"飞狮",另一个则是威尼斯最早的守护神圣狄奥多,这里是威尼斯城的迎宾入口。

迎宾入口左手边的大楼是古时的铸币厂,从1537年启用一直到

暴雨过后的广场

1870年为止,这里都是威尼斯城的铸币厂,由建筑师圣所维诺所设计,威尼斯的金币也因此得名。

在广场北边与钟楼同边的旧议会大楼始建于12世纪,全长约152米,现今的一楼是闻名的夸德里咖啡馆,而大楼后有供贡多拉停泊的奥尔塞奥洛湾。

新行政大楼则是在靠圣马可湾那一侧的南边,从1582年开始建造,直至17世纪才完成,威尼斯共和国垮台之后,这里一度成为王室的宫殿,一楼有著名的弗洛里安咖啡馆,二楼为科雷尔博物馆。如今威尼斯有任何超大型的重要活动都会在这里举行,例如1989年平克·弗洛伊

震撼人心的演唱会,和每年的狂欢节主要活动大会场等。

拿破仑翼大楼

追溯历史,圣马可广场初建于9世纪,当时只是圣马可大教堂前的一座小广场。马可是圣经中《马可福音》的作者,威尼斯人将他奉为守护神。

相传公元828年两个威尼斯商人从埃及亚历山大将耶稣圣徒马可的遗骨偷运到威尼斯,并在同一年为圣马可兴建教堂,教堂内有圣马可的陵墓,大教堂以圣马可的名字命名,大教堂前的广场也因此得名"圣马可广场"。

公元1177年为了教宗亚历山大三世和神圣罗马帝国皇帝腓特烈一世的会面才将圣马可广场扩建成如今的规模。公元1797年拿破仑进占威尼斯后,赞叹圣马可广场是"欧洲最美的客厅"和"世界上最美的广场",并下令把广场边的行政官邸大楼改成了他自己的行宫,还建造了连接两栋大楼的翼楼作为他的舞厅,命名为"拿破仑翼大楼"。

最佳的徒步游览区

圣马可广场的面积很大,四周的建筑几乎将它围了起来,一面是圣马可教堂,其余的三面建筑,一楼是各式各样的精品店,包括金饰、玻璃、寝具、服饰等,店面不太大,但是橱窗设计都是一流,颇具视觉享受。

面对着教堂这边,是一座博物馆除了广场上的精品店,在附近的巷道中也有一些很棒的商店,卖面具、玻璃钢笔、纸制品等,一路往李亚托桥的方向走去,还有两条有名的精品街,名牌服饰一间接着一间。还有许多风格优雅的咖啡厅、酒吧和餐馆,是威尼斯的最佳的徒步游览区。

圣马可广场是每年嘉年华最主要的场景,但是在平常也热闹的像一座舞台,似乎永远不会有冷场。

迷你知识卡

湿壁画

是一种十分耐久的壁饰绘画。制作时先在墙上涂一层粗灰泥,再涂上一层细灰泥,然后将草图描上去,再涂第三层更细的灰泥。由于灰泥会干掉,因此涂的面积以一日的工作量为限。然后将溶于水或石灰水的颜料,画在湿的灰泥上,由于颜料干了以后会变淡,因此着色时要斟酌浓度。

宪法广场（希腊）
——巨大的公众活动广场

希腊国旗

1. 得名于希腊宪法
2. 纳粹占领期间的司令部
3. 地球上最激动人心的政治集会
4. 精锐步兵部队
5. 他让广场重新开放并添光加彩

得名于希腊宪法

宪法广场是希腊首都雅典的主要广场，位于希腊国会前，得名于1843年9月3日奥托国王在起义后批准的希腊宪法。

广场的东部比西部高，有一些大理石台阶通到阿马利亚大街。广场的南北有两片绿地，种有遮荫树木，中心是一个大型喷泉。

宪法广场还是雅典多种公共交通形式的枢纽，地铁在此设站，公共汽车和电车可通达城市各处。宪法广场与机场之间开设机场专线和地铁线专用路。雅典市在广场提供高速无线上网。

宪法广场附近有许多名胜古迹，例如雅典卫城、酒神剧场、雅典古市场与哈德良图书馆、罗马市场的风塔、哈德良拱门、奥林匹亚宙斯神庙、

灯光下的宪法广场

菲洛帕波斯纪念碑、无名烈士墓和吕卡维多斯山。古老的教堂也散布在该区，有些可追溯到中世纪。

纳粹占领期间的司令部

在宪法广场的顶端，坐落着国会大楼。曾经是国王宫殿的国会大楼建于1836年至1840年。由奥托王提议修建并由其父亲巴伐利亚的路德维格一世提供经济支援。原来国王的计划是把皇宫修建在卫城山上，

在宪法广场示威的人群

幸运的是这个计划没有实现。被称为新古典的经典建筑风格由希腊发展并成为所有古式公共建筑的主流风格。18世纪的时候这种风格从欧洲重新回到了希腊，并由希腊建筑师加以革新和改良。

广场的左手边是历史悠久、高贵典雅的大酒店。那里的大堂和酒吧是一个喝咖啡的不错去处。它被认为是自从酒店于1862年建成后雅典最好的住处。酒店同时还为各国元首提供下榻的住处。它也是世界上最著名的酒店之一。

第二次世界大战期间，这里被军队征用作为总司令部。而当时在酒店下榻的住客被要求于一小时以内离开。然后这里成为了纳粹占领期间的司令部。

希特勒、戈林、希姆莱以及隆美尔都曾下榻于此。而当内战开始以后，这里成为了英国远征军的基地。大厅里堆满了机枪和沙袋防御。曾经，一个暗杀丘吉尔的计划在这里被英国人发现。他们在大门的正下方的地道里发现了1 000千克的炸药。

宪法广场下面是著名的麦当劳快餐，它取代了著名的帕帕斯罗斯咖啡屋。咖啡屋在六、七十年代曾经是东西方来希腊旅客的聚集点，因为它的附近就是美国运通银行，在那里人们可以收集自己的信件或者兑换旅行支票。

这里同时也是 Ermou 街的起点，毗邻交通枢纽以及雅典主要的购物中心。同时还可以到达蒙纳斯提拉奇跳蚤市场。

地球上最激动人心的政治集会

广场有悠久的历史，好像几乎每次希腊发生的大事件都会在这里庆祝或者悼念。在广场上曾经举行过几次这个地球上最激动人心的政治集会。

19世纪40年代的时候,希腊的共产主义者和右翼政府进行着激烈的斗争。希腊当时被纳粹占领着,像许多国家一样,绝大多数的反抗都来自于共产主义者。

1944年的12月,不列颠大军抵达雅典,来解放希腊,但德国人已经离开了。取而代之的是,英国人把枪口转向了那些曾经抗击德国人的游击队员们。

他们还和其他合作者试着建立一个不是共产主义的希腊。丘吉尔打算将乔治皇帝重新推上皇座,但大部分经受过国王暴政的希腊人民并不希望他的回归或者把权力交给那些曾和纳粹合作过的右翼拥护者。

不幸的是,希腊人的命运最终还是由英国人和俄罗斯人在莫斯科的一次会议中决定了。希腊交由大不列颠监管,而与之交换的是,罗马尼亚、保加利亚和匈牙利则划在了苏联的账下。

在12月3号那天,一场在锡塔玛广场(锡塔玛的名字就是宪法的意思)。举行的抗议示威活动在警察向群众开枪后变成了血腥的暴动。警察肆无忌惮的向示威者开火。最后有23名示威者死亡,140人受伤,其中还包括许多妇女。

宪法广场

图说世界著名广场

广场的另一角度

英国人在丘吉尔的命令下把雅典当作了一座被占领的城市看待。雅典从二战的轰炸中存活了下来，但自己的劳动人民却被自己的同盟侵犯着。

那些曾经并肩作战抗击德国的英国人，现在却转过头来对抗劳动阶级。他们为了保护着像锡塔玛这样的富人区，而把其他的雅典穷人区当成了自己的敌人。这导致了全国范围对抗英国的内战，后来还有美国人提供武器和资金来巩固政权并清除残留势力。这被许多人认为是支持那些曾经合作过的英国人，现在居然一起来对付那些反抗的英雄们。

希腊，在经受了被占领的苦难，本应该到了享受解放的愉悦的时候，又被无情的推入了一场亲兄弟、亲骨肉之间的阶级内战。这场战争给希腊人带来了比纳粹占领时期更惨痛的经历以及更多的伤亡。

希腊人对抗意大利和德国占领的英勇抗争事迹激励了整个欧洲被占领的人们。但这一切在一个新世界秩序开始后都显得不那么重要了。可以这么说，12月3日在宪法广场的流血事件是东西冷战的开始。虽说这些事情不为许多世人所知，但如果你考虑到冷战时期政策对全世界影响的时候，你会惊讶的发现全世界对那天在宪法广场流血事件重要性的认识。发生在宪法广场的流血事件是历史上重要的一个时刻，打响了冷战第一枪。

精锐步兵部队

广场上的无名烈士之墓由希腊精锐步兵部队看守着，他们还同时肩负着保卫皇宫的任务，只有那些在身高和力量上经过严格筛选的人才可以加入。他们就像英国白金汉宫门口带着大高毛绒帽的黄金侍卫一样，也会有游客和他们合影，或者来故意"打扰"他们，看他们会不会被干扰。他们也会经常通过列队巡逻、姿势变换来调节一下单调的站立。

他们有时候还会用他们的鞋来一下原地踢腿，并发出嘭嘭嘭的声音。他们穿这一种叫富思坦拉的百褶裙，这种裙子曾经在1892年的革命期间被士兵们穿着过，现在它成为了爱维尼斯的正式军装。

在19世纪中期，这种裙子被奥托王定为正式朝廷着装。清晨6点，你可以参观他们的换岗仪式。如果你有小孩，他们一定会喜欢在广场上喂鸽子，广场会有果仁出售。在星期天的11点钟，卫队会举行一次盛大的换岗仪式，会有乐队演奏军乐并有一大队的警卫出列。

▣ 他让广场重新开放并添光加彩

宪法广场也有它闪光的时刻。在1967到1974年间，希腊由一个军事独裁集团统治着。最终是由从巴黎流放回来的康斯坦丁.卡拉曼利斯带领着希腊人民从他们手中夺回了政权，并从此走向了民主自由。而正是在宪法广场，康斯坦丁第一次向人们发表了他的独立想法。

为了给宪法广场的重新开放添光加彩，同时他还在旁边修建了也许是世界上最漂亮的地铁站。宪法广场是一个巨大的公众活动广场，被布满了休闲凉椅和咖啡小馆的林荫小道围绕着。雅典市民以及各国游客在这里谈论政治、体育以及各种有意思的话题。

宪法广场同时也是各种新民主政党集会，产生的地方。例如泛希腊社会主义运动以及希腊共产党都在这里举行过演讲集会，同时宪法广场也举行过各种演唱会，庆祝活动。最大的就当属由雅典市举行的新年夜跨年演唱会了。

每年一次的演唱会通常会请来希腊当红的影视歌明星。在圣诞期间，广场都会点缀一新，装饰上喜庆的彩灯以及迷你圣诞老人。

迷你知识卡

旅行支票

外币旅行支票是指境内商业银行代售的、由境外银行或专门金融机构印制、以发行机构作为最终付款人、以可自由兑换货币作为计价结算货币、有固定面额的票据。境内居民在购买时，须本人在支票上签名，兑换时，只需再次签名即可。

11 英雄广场（匈牙利）
——融合了历史、艺术和政治的古胜

匈牙利国旗

1. 具有历史纪念意义
2. 多瑙河的明珠
3. 矗立在英雄广场的天使
4. 气势恢弘的艺术形象
5. 倾注了建筑师毕生心血

■ 具有历史纪念意义

匈牙利首都布达佩斯，是个美丽的国际城市。它地跨多瑙河两岸，蓝色的多瑙河从城中缓缓流过，因此这座城市又被称为"多瑙河的明珠"。

布达佩斯扼进入匈牙利大平原的通道之上，历来是重要的交通枢纽。

英雄广场是匈牙利首都布达佩斯的中心广场，是一个融合了历史、艺术和政治的名胜。广场是1896年为纪念匈牙利民族在欧洲定居1000年而兴建，1929年完工。整个建筑群壮丽宏伟，象征着几经战争浩劫的匈牙利人民，对历史英雄的怀念和对美好前途的向往。具有历史纪念意义的英雄广场，现在已成为国内外游人参观游览的胜地。每当重大节日或外国元首来访时，都要在英雄广场举行盛大的欢迎仪式。

英雄广场面向笔直的人民共和国大街，广场用青白两色水磨石铺成，开阔得足能容下20万人。广场上的主要建筑是以千年纪念碑为主体的群雕组成。广场周围没有什么高层建筑物，因而，广场中央的千年

广场上的雕塑

英雄广场

纪念碑和人物群雕显得异常突出。

多瑙河的明珠

罗马帝国没落后从东部来的游牧民族侵入（比如匈奴）。4世纪末他们到达潘诺尼亚。农村和部分罗马城市被这些好战的部落摧毁。公元896年马扎尔人在此定居，形势才开始缓和下来。他们在整个潘诺尼亚定居，包括老布达地区。

他们被基督化后定居于围绕着教堂的村庄中，从事农业和畜牧业。作为交通枢纽的佩斯越来越获得重要关注。佩斯的名字来自于斯拉夫语，意思是"炉子"，可能因为当地有许多温泉或者因为上帝有许多烧石灰的窑炉。佩斯与布达之间的渡船交通非常繁忙。伊什特万一世加冕为匈牙利第一位国王之后，整个地区的政治形势也获得巩固。

公元1241年蒙古人几乎完全摧毁了佩斯，公元1308年匈牙利国王将其驻地移到维榭格拉德，公元1361年佩斯成为匈牙利首都。公元1514年附近地区爆发农民暴动。

从公元1446年开始奥斯曼帝国不断向匈牙利进攻，匈牙利大多数地区被毁。公元1526年佩斯被奥斯曼帝国占领，15年后受到城堡保护的布达也失陷。未被占领的匈牙利的首都从公元1536年至公元1784年是今天的布拉迪斯拉发。

布达成为奥斯曼总督的驻地，佩斯则完全失去了重要性，多数居民也从那里搬走了。从公元1526年开始哈布斯堡王朝获得了匈牙利国王的位置。

哈布斯堡王朝终于战胜了奥斯曼帝国恢复了匈牙利。但是布达与佩斯的处境并没有任何变化，统治它们的依然是外族人，而且它们的居民依然必须背负很高的税。市内经常爆发市民暴动，但最终被镇压。

1723年佩斯成为王国政府的驻地。1838年佩斯发大水，7万人丧生。虽然如此，佩斯依然是18世纪和19世纪发展最快的城市。到1800

年，佩斯的人口在一个世纪里增长了20倍，达到600 000人。公元1780年哈布斯堡王朝设定德语为官方语言，试图以此来控制当地不断爆发的暴动。同时他们从德国向匈牙利移民。

佩斯城内大多数居民是德国人。由于布达和佩斯市内有各种民族的人生活，而每个民族对这两座城市都有自己的名字，因此布达佩斯今天在许多语言中均有自己的名字。

■ 矗立在英雄广场的天使

千年纪念碑是一座新巴洛克式的圆柱形石碑，高36米，顶端是一尊女天使铜雕，长着双翅。她一手高举十字架，一手高举焊接在一起的两个王冠，表明匈牙利人取得了建国的定居权。

碑座上有7位部落首领的雕像，他们全身披挂，骑着高头大马，手执兵刃，威武雄壮。因为今日匈牙利人最早起源于古代亚洲的几支游牧部落，从公元5世纪中叶开始，他们逐渐西迁，以寻找新的水源和草地，在首领阿尔帕德的率领下，7个部落来到今天的多瑙河和蒂萨河一带定居，并建立起自己的国家。因而具有3000多年历史的匈牙利族到欧洲定居只有1000多年时间。

群雕中的7位勇士就是当年的部落首领：阿尔帕德、埃勒德、胡鲍、陶什、孔德、翁德、泰泰尼。在雕塑侧面镌刻着"1896—1896年"的字样。在纪念碑前，还有一方象征性棺椁，是用4.7万千克重的白色巨石制成。这是第二次世界大战后，匈牙利人民为纪念历代民族英雄而建的，棺盖上

英雄广场

的浮雕大字为:"为了我国人民的自由和民族利益而牺牲的英雄永垂不朽!"

在纪念碑后面,有两座高达16米的弧形柱廊,弧形两端间的距离为85米,弧深25米,形成一个巨大的凯旋门。柱廊中矗立着14位匈牙利历代著名统治者的雕像,每个雕像基座上都刻有他们的名字和在位年代,下面还有一幅反映其主要功绩的浮雕。

他们代表了匈牙利各个重要的历史时期。在这两座弧形柱廊的4个角端上,还有4组表现劳动人民的雕像,分别反映了战争与和平、劳动与爱情、知识与光荣等题材。其中有驾着奔驰的战车的勇士,有马车上手持橄榄枝的女子,有正在撒种的农妇,有扛着镰刀收割的男子,还有分别持艺术品和树枝的一男一女。雕像个个神采奕奕、生动逼真。

气势恢弘的艺术形象

布达佩斯国立美术馆是匈牙利国立美术博物馆,是欧洲重要的美术馆之一,藏有13—20世纪世界著名画家的作品,其中油画2000多件、素描1000多件,还有古希腊、罗马、

广场一角

欧洲的历史文物和雕塑珍品。欧洲名家作品有达·芬奇、拉斐尔、鲁本斯、波提切利、提香、委拉斯贵兹、哥雅、格列柯、门采尔、德拉克罗瓦、马奈、莫奈、高庚、塞尚、贝尔尼尼、乔尔乔涅、夏尔丹、柯罗、库尔贝、雷诺阿的作品。

布达佩斯是匈牙利的文化中心,许多高等学校、科学院、图书馆、国家剧院都设在这里,博物馆、美术馆、艺术馆,鳞次栉比。布达佩斯国立美术馆前身是1802年成立的国家博物馆,原来汇集的藏品只限于历史文物,其后扩大收藏范围,使馆藏项目包罗万象。预计到百年之后藏品数量的庞大,未雨绸缪。1896年庆祝匈牙利建国1000年之际,国会通过建立布达佩斯国立美术馆。于1906年,正式开放。

布达佩斯国立美术馆的藏品，起先以国外绘画作品为主，开馆后，藏品渐增。1949年，匈牙利成为共产主义国家，达官显贵的美术收藏收归国有，激增的美术珍品超出了馆内空间的承受能力。

1957年，部分藏品被移出，置于旧皇宫内的国家艺廊。从此，布达佩斯国立美术馆专门展出国外美术作品。现在，布达佩斯国立美术馆的馆藏中，分为埃及美术、希腊罗马美术、古典绘画、欧洲雕刻、近代美术及素描和版画等六部分，从古至今的世界美术精品过10万件，而中世纪的欧洲绘画珍藏则是该美术馆的精髓。

在匈牙利的布达佩斯国立美术馆，拉斐尔、鲁本斯、戈雅、莫奈、塞尚等这些闻名于世的绘画大师作品成为匈牙利国家美术馆的精华所在。而这其中最重要的是，布达佩斯国立美术馆能够展现中世纪至现代欧洲绘画艺术的发展史。

虽说是匈牙利的国立美术馆，有趣的是，这里的主要收藏都是欧洲其他国家的绘画作品，包含13至18世纪西班牙、意大利、德国、法国、英国等诸多名家绘画，以及部份19—20世纪的水彩画、雕塑品等。

倾注了建筑师毕生心血

主持英雄广场设计和施工的是匈牙利当时最著名的雕刻家佐洛·捷尔吉和建筑学家斯奇凯丹兹·奥尔拜特和佐洛。

佐洛是匈牙利20世纪早期新巴洛克建筑学派最有代表性的雕塑家。他为了完成英雄广场的设计和雕塑，整整花了24年，倾注了毕生心血。

广场的右边是全国最大的画廊，左边是美术馆。广场的东北面，是布达佩斯快乐公园。公园内的波浪铁路、大转轮、飞机飞船、迷宫等娱乐项目，使它成为人们喜欢的旅游胜地。

与广场相邻的城市公园，占地1平方千米，曾是马加什国王的狩猎地，18世纪议会的所在地。园内21座代表匈牙利不同建筑风格的建筑物十分引人注目。公园还是布达佩斯的冬季运动场，在一片冰雪世界中尽情驰骋，不失为一种绝美的乐趣。

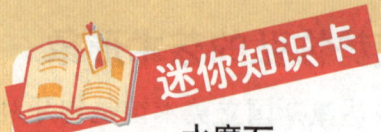

迷你知识卡

水磨石

水磨石是将碎石拌入水泥制成混凝土制品后表面磨光的制品。常用来制做地砖、台面、水槽等制品。

12. 特拉法尔加广场（英国）
——战争纪念广场

英国国旗

1. 纪念著名的特拉法尔加港海战
2. 宏大的纪念碑
3. 具有传奇色彩的英国海军司令
4. 像尖帽子的建筑
5. 鸽子广场

▰ 纪念著名的特拉法尔加港海战

伦敦特拉法尔加广场位于伦敦市中心，东面是伦敦城，北接伦敦的闹市索荷区，南邻白厅大街，西南不远是王宫。适中的地理位置和美丽的广场建筑，使它成为伦敦的名胜之一。是游伦敦的起点，也是世界上最出色的公共广场。

广场是古典建筑的典范，四周环绕优雅的白色外观。特拉法尔加广场是为纪念著名的特拉法尔加港海战而修建的。

▰ 宏大的纪念碑

在广场中心，竖立着威廉·雷尔顿设计的纪念碑主体是一根高56米

灯光下的特拉法加广场

的圆型石柱，石柱上端立着一个高5米多的英国海军司令纳尔逊全身戎装的铜像。

据说这座铜像是用特拉法尔加角大海战中缴获的铜炮铸造的。石柱下部是方型石座和多层台阶，石座四壁镶着这位具有传奇色彩的海军司令所指挥过的著名的四场战役的铜雕。最下一层台阶的四角下面是

四只大型铜狮子。这些是埃德温·兰西尔爵士雕塑的。这座纪念碑修建于1840年至1843年。

广场上休闲的人们

纪念碑设计得如此之高是因为人们希望它高于附近滑铁卢广场上的约克公爵的37.8米的圆柱。这座纪念碑设计之精美、规模之宏大，在英国是独一无二的，由此可见特拉法尔加大海战在英国历史上的位置。

每年10月21日，总有许多人到特拉法尔加广场来举行特拉法尔加海战纪念仪式，悼念在海战中牺牲的纳尔逊将军和士兵，教育后人不忘这段历史。

具有传奇色彩的英国海军司令

1793年1月法兰西第一共和国将法王路易十六处死，英国以此为由驱逐法国驻英大使。2月，法国对英宣战，英国则联合奥地利、普鲁士、那不勒斯和撒丁王国组成反法联盟，双方在陆地和海洋展开了一系列的激战。

战争中法国在欧洲大陆赢得了一系列的胜利，但法国海军由于大革命中驱逐了大量旧贵族军官，因此实力大为削弱，几次和英国海军的较量均告败北。

1799年11月9日，拿破仑发动军事政变，解散无能的总督政府，成立执政府，拿破仑任第一执政官，一手掌握法国的军政大权。拿破仑执掌法国政权后，于1800年6月战胜奥地利，俄国、土耳其等国家也接连与法国缔结和约，反法联盟彻底解体，英国为组织新的反法联盟、法国为赢得时间重建海军，两国于是签订了《亚眠和约》。

但这个和约实际上只不过是一个休战条约而已，双方都在破坏和约。拿破仑利用战争的间隙，重建法兰西殖民帝国。英国针锋相对，拒绝从马耳他撤军。

1803年拿破仑统治的法国与英国为首的反法联盟再次爆发战争，拿破仑计划进军英国本土，为牵制住强大的英国海军，拿破仑派海军中将维尔纳夫率领的法国和西班牙联合舰队与英国海军周旋。

1804年5月，拿破仑迫使西班牙随他渡海攻打英国。10月20日，18艘法国军舰和15艘西班牙军舰组成的联合舰队在西班牙特拉法尔加外海面向英舰展开了激烈的进攻。

英国地中海舰队司令纳尔逊上将以自己的聪明和智慧，提出了独特的作战计划：即将舰队分成两列纵队向法国和西班牙舰队挺进，采取各个击破的方针。他以"新型的、独一无二"的简单的"战术"，即人们称为独创的"纳尔逊风格"战术取代了海军传统的一字长蛇阵的模式。

10月21日拂晓，在特拉法尔加角，纳尔逊上将把英舰分为两列，分别由他和林伍德上将率领，与法国和西班牙联合舰队展开了激战。在敌强我弱的形势下，以少胜多，歼灭敌舰15艘，英国舰队大获全胜，法国和西班牙联合舰队遭到惨败后，拿破仑终于放弃了登陆英国的企图。

不幸的是，在这场海战即将胜利结束时，纳尔逊将军却因胸部中流弹而身亡，时年47岁。英国政府和英国人民对这位以身殉职的民族英雄无比敬仰，为了怀念他，于1840—1843年在特拉法加广场上建起了一座纪念碑。

像尖帽子的建筑

特拉法尔加广场北面是著名的国家美术馆，广场东北角是伦敦著名的圣马丁教堂。1864年秋，马克思领导的第一国际成立大会就是在这座教堂里举行的。

广场东南角还有一个派出所，设在一根中空的电灯柱内。这是英国最小的派出所，里面只能容纳两名警察。广场边上，还有一些其他英国名

特拉法加广场

人塑像。

英国国家美术馆，是位于英国伦敦市中心特拉法加广场的正北方向，国家美术馆又称伦敦国家美术馆，成立于1824年。当时仅有38幅画作，从这些由乔治四世说服政府购买林布兰、拉尔等人的38个作品，陆续拓展为现在以绘画收藏为主的国家级美术馆。

国家美术馆分为东南西北四个侧翼，所有作品按照年代顺序展出，早期文艺复兴有达·芬奇著名的《圣母子与圣安妮》、《施洗者圣约翰》炭笔素描。全盛时期有意大利及日耳曼的绘画。1600年至1700年之间有荷兰、意大利、法国、西班牙的绘画。

西翼是1510至1600年代文艺复兴全盛时期，意大利和日耳曼绘画，许多巨幅绘画都在此绝妙呈现。1600至1700年绘画收藏于北翼中，有荷兰、意大利、法国和西班牙的绘画，其中有两间林布兰专属展室，以及维纳斯油画。

东翼的1700至1900年代绘画，包含了18世纪—20世纪初的威尼斯、法国和英国绘画，风景画是一大特色，也有浪漫派和印象派等许多佳作。

大圣马丁大教堂是一座像尖帽型的尖塔，位置在特拉法尔加广场。17世纪时伦敦至西敏市一带尚是一片荒芜，与今日繁荣之貌实在不可同日而语。这座教堂是英国名建筑师吉布斯于1720年花了6年时

特拉法加广场雕像

间所兴建,教堂的正面有一排排巨大雄伟的科林斯式圆柱,圆柱上向外伸出的人字形屋顶,装饰着英国王室的徽章。白金汉宫也是这个教堂所管辖的教区,在此受洗的王室贵族都记录在教堂的名册内。

建筑物分为几个部分,主体建筑,圣教堂与北面建筑群,18世纪前经历过自然灾害,老旧毁损与法国大革命,除了主体建筑大致完好以外,其他部分几乎损毁。

19世纪经历了全面的修复,并有专业人员参与,此次修复以主体建筑为主,从内到外作全面的更新,室内重新装潢,彩绘,巴洛克元素抽离。外观将象征罗马式建筑的塔帽再度建起,建筑物北面的原来的回廊与南面损毁的圣教堂,以主体建筑物的南北墙面呈现旧建筑的遗迹。

在欧洲,以生在西元4世纪的圣人马丁之名所命教堂、学校、修道院为数极多,此处也可被视为其中之一。当年他精力充沛的在街头巷尾进行巡回传教,与人们十分亲近。

◣ 鸽子广场

特拉法尔加广场是英国人举行政治集会和示威游行的地方。而每年的圣诞夜,广场上又充满节日气氛,人们在两个大喷水池旁唱歌跳舞,彻夜不归。特拉法尔加广场以鸽子多而著称,因此又称"鸽子广场"。其鸽子之多,可与威尼斯的圣马可广场相比。在纳尔逊圆柱型纪念碑四周,鸽子成群,成为广场一景。旅游者可以在广场用面包喂鸽子。

广场一角

迷你知识卡

约克公爵

贵族的头衔,通常被授给英国的国王的第二个儿子,除非该头衔由一个前任君主的儿子所拥有。约克是在英国北部的主要城镇,而且约克夏是英国的最大的郡。历史上曾有8次分封约克公爵,还有一个变种称约克和奥尔巴尼公爵被分封了3次,现代约克公爵安德鲁王子,是伊丽莎白二世女王陛下的第二个儿子。

13 布鲁塞尔大广场（比利时）
——欧洲最美的广场

比利时国旗

1. 具有中世纪风貌的大广场
2. 马克思和雨果的居住地
3. 作撒尿状的小男孩铜像
4. 鲜花地毯
5. 丰富多彩的大舞台

◤ 具有中世纪风貌的大广场

布鲁塞尔大广场，位于比利时王国的首都布鲁塞尔市中心。始建于12世纪，是欧洲最美的广场之一。1998年联合国教科文组织将布鲁塞尔大广场作为文化遗产，列入《世界遗产名录》。

由于地理和历史的原因，布鲁塞尔市区呈五角形，以中央街为界限，共分为上城和下城两部分。上城区是王权贵族阶级聚集地，王宫、大法院、美术馆和大教堂等雄伟华美的建筑均坐落于此。

从上城区下一大面坡之后才是市民阶级聚集的下城区。而布鲁赛尔大广场就躲在这一大片民居建筑中，被纵横交错的古老街道和普通民房所遮掩。要看到它，必须经过连通它的六条小巷中的一条，随着拥挤的人流缓缓前行。来到小巷的尽头，便似河流汇入大海，人群倏然散开，大广场就柳暗花明地突现在你的面前。

大广场呈长方形，长110米，宽68米。它的这种低调内敛的隐藏，给人由狭窄到开阔、由局促到舒朗的美妙体验。在看到广场的那一瞬间带给人的惊喜和愉悦，足以让人很快消除旅途的疲劳，在广场度过半天美好的时光。

◤ 马克思和雨果的居住地

布鲁塞尔大广场占地3 000～4 000平方米，始建于12世纪，地面铺着多彩的花岗岩，周围是各种风貌的建筑物，有哥特式的、文艺复兴式的、路易十四式的。其建筑风格迥异，使人有宛如置身于中世纪之感。

整个广场是一座具有中世纪风

貌的大广场。广场西边有一座上面饰有一只振翅欲飞的白天鹅的五层楼房,叫白天鹅咖啡馆。1845年2月,马克思由巴黎迁居布鲁塞尔,来这里居住。同年4月,恩格斯也从巴黎迁来。从此后,天鹅咖啡馆成为他们共同创建共产主义通讯委员会和德意志工人协会的重要活动地方。

在此期间马克思写出了著名的《哲学的贫困》和《共产党宣言》等作品。这座三开门的白天鹅咖啡馆,现在生意仍然很好,室内重新装饰,典雅大方,但门面还是保留着原来的样子。广场的东北角,与白天鹅咖啡馆斜对着的还有一家古老的冷饮店,店内有一匹马的标本,马身上的毛皮依然光亮,它是这个酒店的古老标志。

马克思和恩格斯和他们的同志当年也常是这里的座上客。坐在酒店的二楼,从窗口可以把布鲁塞尔广场的风光尽收眼底。大广场左侧27号小楼是法国著名作家维克多·雨果的旧居。这位作家在这里完成了《悲惨世界》等名著。

在大广场的右侧是独具风格、雄伟恢弘的布鲁塞尔市政厅。这是一座典型的古代弗兰德哥特式建筑,造型宏伟,空灵高耸,引人注目。它上面的厅塔高约91米,塔顶塑有一尊高5米的布鲁塞尔城的守护神圣米

布鲁塞尔大广场的"鲜花地毯"

歇尔的雕像。这座气势恢弘的建筑物始建于1402年,历史上这个大广场曾屡遭毁坏,又经重建、扩建,修建得更美更漂亮。

白色大理石铺就的楼梯,雕刻着精美饰物的栏杆,大厅里的巨型壁画和肖像令人目不暇接。市政厅内市政长官办公室布置得古色古香。

市政厅的大门不在正中,厅塔也稍偏一方。其实,厅塔和大门之所以不居正中,是由于整个建筑分别建于3个不同时期,因此才出现目前规模。厅内装修十分精美,天花板上绘制的图案美妙绝伦,栏杆花纹雕刻精细,雪白色的大理石楼梯,像一条银蛇蜿蜒而上。

走廊里布满五彩缤纷的壁画。在许多巨幅肖像画中有比利时的君主像,有曾经统治过布鲁塞尔的西班牙、荷兰、法国等国的国王画像,还有横扫欧洲大陆、被称为"一世之雄"的拿破仑画像。

作撒尿状的小男孩铜像

提起一个小男孩作撒尿状的铜像,人们一定会记起一个拯救城市于危亡之中的小英雄——于廉。他是比利时布鲁塞尔市的"第一公民"。相传,在一次战斗中,战败的侵略者在逃跑时,点燃了通往市政厅地下火药库的导火索,企图将布鲁塞尔大广场上的建筑物全部炸毁。

在这紧急关头,一个叫于廉的小男孩发现了这根正在燃烧的导火索,他急中生智,冲着导火索撒了一泡尿,将导火索浇灭,拯救了城市和人

布鲁塞尔大广场

撒尿男孩——于廉

寒的衣服。从巴伐利亚总督到世界各地都把本民族最漂亮的服装送给小男孩。

布鲁塞尔的一个博物馆还专门展出这些服装。中国送给小男孩的服装是一套军装、一套汉族对襟小裤褂。这个小男孩的塑像站立在布鲁塞尔大广场的北面。

鲜花地毯

两年一度的8月"大广场鲜花地毯节",已成为布鲁塞尔市民的一大盛事。"地毯节"之际,广场上人如山海,一派画中仙境,广场中心被五颜六色的鲜花铺成一块巨大的长方形"地毯","地毯"中间设置三个圆形喷泉,落珠溅玉般地折射出璀璨的光波,构成了"鲜花地毯"奇美的图案。

"鲜花地毯"由100多万朵秋海棠组成。这些色彩艳丽的海棠花均来自距布鲁塞尔约100千米的根特地区的乡村田野,由花农精心采集,连夜运往布鲁塞尔,再由花匠们仔细编织,汇成了花的海洋。

民的生命财产,而他自己却中箭身亡。为了纪念聪明机智的小于廉,比利时著名雕塑大师捷罗姆·杜克思于1619年精心制作了一个0.5米高的铜像。

这个卷曲着头发,鼻子微微向上翘,调皮地微笑着的男孩,光着屁股,旁若无人地撒着尿。小男孩脚下与喷泉相连,因此他的尿源长年不断。到了每年的狂欢节,这个可爱的小男孩改撒一天啤酒,游人到这里竞相饮用,形成了一大景观。

人们喜爱这个小男孩,赋予他情感和生命,冬天怕他冷,竞相赠送御

1994年,为庆祝"二战"中盟军和比利时军队解放比利时50周年,花匠们汇制成了一块1600多平方米的"鲜花地毯","地毯"上编织着当年第一支踏上比利时国土的比利时

军队——"比隆旅"的军徽。

2010年8月12日，一块面积约2 000平方米的"鲜花地毯"出现在比利时首都布鲁塞尔市中心大广场上，吸引大量游客参观。这方独特别致的地毯由约70万朵多种颜色的秋海棠等鲜花铺就，将一直展出至8月15日。

整个花毯呈长方形，由不同颜色的花朵组成各式图案，以对称形式分布，色彩丰富而绚丽。

花毯的四角是两对对称的图案，其中一对是布鲁塞尔市的标志"圣徒降龙"，另一对是漂亮的黄色鸢尾花图案，花毯中央是一个圆形组合喷泉。

夜幕降临，喷泉内置的彩色灯光与大广场四周古建筑上投下的光束交相辉映，美轮美奂。

布鲁塞尔的"鲜花地毯"被誉为世界上最大的人造"鲜花地毯"。

丰富多彩的大舞台

现在的布鲁塞尔大广场对市民的娱乐生活发挥着相当重要的作用。新年前后，这里是圣诞市场，人们在这里购物、狂欢；每年5月，这里举办布鲁塞尔一年一度的"夏季沙滩排球赛"，人们在广场空地堆起从海边运来的沙子，感受沙滩运动的刺激；每两年的8月，是"大广场鲜花地毯节"，人们用数百吨鲜花瓣拼缀而成的巨型"鲜花地毯"覆盖了广场的花岗岩地面，广场变成了花的海洋。

平时广场也是一派鸟语花香的景象：早上，广场是花市；傍晚，便花去鸟来，变成了鸟市。在市政厅的二楼阳台上，经常有新人在市长面前登记完婚后，携手向广场上的亲友和游人致意，接受人们的欢呼和祝福，然后坐进礼车，带领车队绕广场一周，一路鸣笛驶向外面的街道。

这些活动，这些场景，都包含着丰富的人文趣味和市井情调，让你情不自禁地应和着大文豪雨果当年的咏叹：这真是一个丰富多彩的大舞台。

迷你知识卡

鸢尾花

鸢尾属植物，是对草本开花植物一族的统称。"鸢尾"之名来源于希腊语，意思是彩虹。它表明天上彩虹的颜色尽可在这个属的花朵颜色中看到。它是由6个花瓣状的叶片构成的包膜，3个或6个雄蕊和由花蒂包着的子房组成。分布于日本、中国中部、西伯利亚、法国和几乎整个温带世界。是法国国花。

三种文化广场（墨西哥）
——墨西哥民族和国家历史的浓缩

墨西哥国旗

1. 三个不同时代的三组建筑
2. 现代墨西哥的象征
3. 发生在墨西哥的屠杀
4. 金字塔废墟
5. 置身于现代与历史的沧桑之中

◪ 三个不同时代的三组建筑

在墨西哥城塔库巴街，有一个几乎与索卡洛广场同时建起的古老广场，叫三种文化广场（即马约尔广场）。顾名思义，在一个广场上荟萃三个不同时代的三组建筑：古代阿斯特克人的大祭坛、西班牙殖民时期的圣地亚哥·特拉特洛尔科大教堂以及外交部现代化大厦。这一组建筑，各具特色，相映成趣，所以被人们称为三种文化广场。

三种文化广场所在的特拉特洛尔科区，曾经是墨西哥谷地最早的居民区。当年这里店铺林立，还有众多庙宇。后来征服这里的阿斯特克人在这里修建了两个大广场，即索卡洛广场和三种文化广场。居住在特拉

俯视三种文化广场

特洛尔科区的印第安人，在西班牙人入侵这里之前，就建造了规模宏大的金字塔，西班牙殖民主义者几乎毁坏了广场上的全部建筑。今天，露在地面上的金字塔祭坛，是后人挖掘保存下来的。

◪ 现代墨西哥的象征

西班牙殖民主义者拆掉了广场

上的金字塔、塔上的庙宇，用拆下来的大量石块，于 1524 年在广场东边建起了具有西班牙殖民时期风格的建筑——特拉特洛尔科圣地亚哥修道院。

这座修道院中门的拱形大门连接着两座直插蓝天的尖塔，整个建筑风格古朴粗犷，独具特色。1543 年，西班牙卡洛斯五世下令把修道院改建为大教堂，这个浩大的工程直到 1610 年才完毕。教堂的拱门里边修建了一个深几十米的大厅，大厅上面有 4 个石头拱顶，在枝形水晶灯的烛光映照下，显得高大空阔，十分壮观。

教堂的后面，是于 1655 年修建的圣布埃纳文图拉神学院。这座闭合式庭院和周围的白色二层楼、回廊、小花园等建筑，与教堂紧紧相连，两个建筑有机地连在一起。这里是墨西哥外交史的重要资料库，具有重要的文化价值。

这里是三种文化广场的一个组成部分。建造于 50 年代的外交部大楼，是一座乳白色 20 多层的充满现代化气息的建筑。这个建筑由各有特色的会议楼和办公楼两部分组成。这里装备着最现代化的设施，这里有举行国宴的大厅，有接待外国国家元首的豪华会议厅，有举行重大节庆活动的场馆。外交部大楼是广场上第三种文化的代表，是现代墨西哥的象征。

发生在墨西哥的屠杀

广场上有一座纪念碑，上面的碑文意味深长："1521 年 8 月 13 日，夸

三种文化广场

三种文化广场一角

得莫克曾英勇地保卫过的特拉特洛尔科陷入埃尔南科尔特斯手中。这不是失败，也不是胜利，而是一个梅斯蒂索民族痛苦的诞生，这就是今天的墨西哥。"

1968年10月2日星期三，约万名大学生和中学生聚集在三种文化广场抗议政府行动，并聆听演讲。有许多与全国罢工委员会无关的男男女女作为观众也跟着委员会成员进入了广场。其中包括但不限于附近公寓楼的居民、记者和孩子。

学生们聚集在奇瓦瓦楼，它是屹立于三种文化广场的一座13层的公寓楼外。大家本以为这将会是一场和平的集会。他们的口号是："我们不要奥运会，我们要革命！"当集会组织者发现周围军警在逐渐增加时，他们并没有叫停集会。差不多就在同时，一架军队的直升机和一家警察的直升机飞过了广场。

大概在下午5时55分，有人在邻近的外交部塔楼上开火。6时15分左右，又有人向两架直升机开火，5 000军队、200辆装甲车和卡车也在此时包围了广场。此后发生的一切，都在那次事件的多年后笼罩在迷雾之中。然而，随着美国和墨西哥政府开始公布相关资料，很多事情我们现在才得以了解。

在事件过去之后，谁开了第一枪这个问题成了未解之谜。墨西哥政府宣称：从附近公寓楼射出的子弹是刺激军队开始发动攻击的原因。而学生抗议者们则有另一套说法：头顶上的直升机发出信号指示军队向人群开火。

身兼记者的作家艾琳娜·伯利亚托瓦斯卡采访了当晚的亲历者，并在她的书《发生在墨西哥的屠杀》讲述了那时的景象:"火舌划过天空,人们不假思索地举头仰望。接着一声枪响传入了人们的耳中。大家陷入一片恐慌,向四面八方逃去。"全国罢工委员会的成员试图稳定秩序,但很快广场还是陷入一团混乱。

此后对广场的进攻造成了数百人遇难以及难以计数的伤员。遭到射击的军队用子弹来回应,他们向周围建筑以及人群开火。受到射击的人中不仅有抗议者,还有无辜的观察员、路人和围观者。

毕竟,示威者和无辜者看起来并没有明显的差别,其中包括好事的年轻人、记者(其中有一位便是大名鼎鼎的意大利记者奥里亚娜·法拉奇)和孩子。人群遭到子弹的射击,肢体很快垒成了堆。奥林匹克营(一个政府为奥运安保筹建的秘密部队)推开人们,并命令他们趴在靠近电梯墙的平地上。人们说他们就是一开始向军队和人群开枪的人。

对这次事件的官方解释是"示威者中间的武装煽动者在可以俯视全场的建筑里先于保安部队开枪。安保力量突然发现置身于狙击枪的枪口之下为了自卫而开火还击。"

次日清晨,报纸报道20到28人死于事件,数百人受伤,成千上百的人被逮捕。大多数墨西哥媒体这样报道:学生们用盘踞在公寓楼的狙击手开火的方式激起了军队的猛烈报复。埃尔·迪亚报1968年10月3日的头条(即屠杀次日的头条)如下:"特拉特洛尔科集会上的罪恶挑衅激起了可怕的流血事件"。政府控制的媒体忠实地报道了墨西哥政府版的这次事件,但另一种观点最终浮现了出来,并占据上风。

2001年,一项调查研究披露出的文档显示:那些狙击手实际上是总统卫队的成员,他们收到指示向军队开火以挑起冲突。

广场墙壁

广场近景

金字塔废墟

座落于广场中心的大祭坛遗址,原是阿兹台克人用来祭祀和信奉惠齐洛波奇特列战神的,在出征前,阿兹台克人在这里举行宗教仪式,祈求战神保佑他们战胜敌人。

后来西班牙殖民者拆毁了金字塔和塔上的庙宇,现在仅存十几级石块堆砌成的7个巨大平台。之后,西班牙殖民者在这里修建圣地亚哥修道院,后又改为教堂。

大教堂中间是拱形大厅,两旁巍然耸立着尖塔,酷似灰色高墙,显得宏伟庄重。从拱门进去,有一个深达几十米的大厅,古棱形水晶灯的光烛

映照下,给人们以宽大空阔的感觉。

置身于现代与历史的沧桑之中

三种文化广场得以保存至今,是墨西哥政府和学者共同重视历史文化遗产的结果。政府采纳了历史学家的建议,于1944年整修了广场。这三组代表不同时代不同风格的建筑,展现了墨西哥城几百年的历史和文化,游客站在这里,仿佛置身于现代与历史的沧桑之中,使人浮想联翩,眼界大开。

三种文化广场是墨西哥城著名的旅游景点。入夜,广场上的大祭坛和教堂等景观配上灯光、音乐,使游人仿佛置身于古玛雅人生活过的久远历史之中。

迷你知识卡

祭祀

华夏礼典的一部分,更是儒教礼仪中最重要的部分,礼有五经,莫重于祭,是以事神致福。祭祀对象分为三类:天神、地祇、人鬼。天神称祀,地祇称祭,宗庙称享。

15 哈佛广场（美国）
——这里弥漫着浓厚的学术风

美国国旗

1. 因哈佛大学而名扬世界
2. 古老的文化遗址
3. 独立战争的开始
4. 乞讨者的乐园
5. 热闹的广场不分昼夜

■ 因哈佛大学而名扬世界

哈佛广场位于北美洲东海岸的美国马萨诸塞州坎布里奇市，濒临查尔斯河畔，与波士顿隔河相望，坎布里奇属于大波士顿区。这座小城市面积仅6.25平方千米，人口也只有10多万，但却因为与著名的哈佛学院——哈佛大学的成长发展紧紧联系在一起，而使它名扬世界。

1636年，首批英国移民的70位在英国剑桥大学受过教育的人，为他们的子孙后代在查尔斯河畔创办了美国历史上的第一所高等学府——剑桥学校。

两年后，一位名叫约翰·哈佛的建校委员，把自己财产的一半还有一个图书馆捐赠给了学校。为了纪念这位捐献者，校名改成了哈佛学院，并在校园内修建了约翰·哈佛的铜像。

哈佛广场有特色的报亭

1780年，美利坚合众国建立的第一年，有140多年历史的哈佛学院升格改名为哈佛大学。这座城市还有另一所名牌大学——麻省理工学院，所以坎布里奇市又是一座大学的王国。

举世闻名的哈佛广场面积不足

1平方千米,但那里浓郁的多层次的文化氛围、学术空气,每年都吸引了大批的参观访问者,也令众多的游人流连忘返。

由哈佛大门口出来的麻州大道与哈佛大街的街角延伸出去就是着名的哈佛广场。因依傍着哈佛大学应运而生的哈佛广场,想不出其林立的商店与哈佛大学多少有些联系,最自然的联想当然是书店多。

哈佛广场所散布的书店可能是全美国比例最高的区域,不仅是所有爱书人最激赏的地区之一,同时反应了此地浓厚的学术风。

古老的文化遗址

哈佛广场周围最吸引人的地方是那些古老的文化遗址。剑桥区最古老的教堂,那是17世纪首批英国移民在这里建造的具有英格兰风格的教堂。最令坎布里奇人骄傲的是这里与华盛顿将军有关的遗址。

1775年3月,乔治·华盛顿将军在坎布里奇就任大陆革命军总司令,发动了美国独立战争的第一个战役。如今民众公园里矗立的和平纪念碑、当年作战的大炮、都是那段历史的标识。

广场周围的建筑

停泊在查尔斯河畔的"宪法号"军舰，现在已变为一座博物馆，陈列着 52 门大炮和各种文物资料。军舰上飘扬的仍然是当年只有 15 颗星的星条旗（当时美国只有 15 个州）。

灯光交错的广场

当年华盛顿在这里检阅军队时遮荫的老柳树，如今仍然枝繁叶茂，它会唤起你对那段辉煌历史的回顾；华盛顿当年阅兵的地方如今已辟为一处供人休闲、散步的公园。

当年的阅兵台旁写着有趣的说明："今晚你不要在这里逗留，除非你有一支像华盛顿那样的军队。"

看了这些历史古迹之后，你能不想起那盛大的阅兵式，那一队队接受检阅的威武雄壮的军队吗？悠悠岁月，历史的遗迹，让人想起多少可歌可泣的历史人物啊！还有那英军溃逃时丢弃的大炮，剑桥人最早的墓地，这些大炮和安息的先民，都是历史的见证。

哈佛大学还拥有许多著名的建筑：马萨诸塞大厅、哈佛大学大厅、塞弗尔大厅、哈克厄斯公寓、视觉艺术木工中心、冈德大厅等等。可以说，这里是美国建筑艺术的博览馆。哈佛大学还有众多的专业博物馆，其中被誉为哈佛一大宝藏的是植物博物馆里的 3 000 多种玻璃花，这是德国艺术家和博物学家布拉斯卡父子用了半个多世纪的时间，精心制作出来的艺术与科学的结晶。展厅中写着："科学中艺术的奇迹，艺术中科学的奇迹。"这里每年都吸引了好几万参观的游人。

独立战争的开始

1775 年 4 月 19 日，波士顿人民在莱克星顿上空打响了独立战争的第一枪，莱克星顿的枪声拉开了美国独立战争的序幕。

1775 年 4 月，马萨诸塞总督兼驻军总司令托马斯·盖奇得到一个消息：在距波士顿不远的康科德镇上，有"通讯委员会"的一个秘密军火仓库。盖奇立即命令少校弗朗西斯·史密斯和约翰·皮特凯恩率800名英军前往摧毁,以挫伤民兵士气。部队连夜出发了,4月19日凌晨,他们来到了离康科德6英里的小村庄——莱克星顿。

英军在黎明前的薄雾中向前行进,经过一夜行军。他们个个困倦不堪,呵欠连天。忽然,他们发现村外的草地上站着70多个村民,正手握长枪严阵以待。史密斯知道这些武装村民就是莱克星顿的民兵,北美大陆殖民地上的居民都叫他们"一分钟人",因为他们行动特别迅速,只要一听到警报,在一分钟内就能集合起来,立即投入战斗。

让史密斯吃惊的是,这些民兵为什么这样快就知道英军的行动呢?原来,"通讯委员会"的侦察员早就得到了情报,并在波士顿教堂的顶上挂起一盏红灯。"通讯委员会"的信使,雕板匠保尔·瑞维尔看到后立即骑马到莱克星顿,通知隐藏在那里的反英领袖塞缪尔·亚当斯撤离,然后赶到康科德报警。

史密斯一看对方只有几十个人,原来有些紧张的心情马上放松下来。皮特凯恩也没把这些衣服破

哈佛广场

烂的民兵放在眼里,命令他们缴械投降。

在混乱中,不知是谁开了枪,顿时激战爆发。几分钟后,枪声渐渐稀疏,民兵们8死10伤,因为人少很快撤离了战场,分散隐蔽起来。英军只有1人受伤。史密斯初战告捷,非常得意,指挥士兵直奔康科德。英军赶到镇上时,天已大亮,旭日东升了,但街道上却看不见一个人,家家关门闭户,显得冷冷清清。史密斯下令搜查,英军进入各家翻箱倒柜,折腾了大半天,什么也没找到。

原来,民兵早已把仓库转移,"通讯委员会"的领导人也隐蔽起来了。史密斯觉得情况有些不妙,连忙下令撤退。这时,镇外喊杀声、枪声陡然大作,附近各村镇的民兵已得到消息,从四面八方向康科德赶来。包围了正在撤退的英军。

他们埋伏在篱笆后边、灌木丛中、房屋顶上、街道拐角处向英军射击。英军一批又一批倒在地上,而当英军举枪还击时却连民兵的影子也找不到。英军一路向波士顿方向退却,沿途遭到民兵的不断袭击,狼狈不堪。战斗一直持续到黄昏,最后还是从波士顿开来的一支援军,才把史密斯等人救了出去。

莱克星顿的枪声震动了大西洋沿岸的13个殖民地。美国独立战争从此开始。

地铁哈佛广场站

乞讨者的乐园

哈佛广场的周围,有许多餐馆、商场和书店,因为美国的大学一般不设后勤服务部门,而是社会为大学服务,所以哈佛广场周围的服务设施琳琅满目,店铺鳞次栉比,其中还有不少充满异国情调的饭馆、酒吧供游人休闲、聚会,给广场周围整洁的街道上增添了生气。

对于逛过哈佛校园的人来说,买个印有哈佛字样的商品作个纪念显得理所当然,就算没有读过哈佛大学,穿件印有哈佛字样的衬衫过过干瘾也是心愿得偿的一种方式吧!

从地铁哈佛广场站出来,位于广场三叉口的妮妮书报摊,是哈佛人常光顾的小店,不远处东南方向则是提供剑桥区旅游资讯的旅资讯中心,是游览剑桥区最适合的起点。

哈佛广场还是一处美食地,这里的餐饮当然包括世界各国的美食,从希腊、印度以至意大利皆有,当然中国餐厅更是不用提了。

哈佛广场还是乞讨者的乐园。繁华的街道、兴旺的商业、世界一流的名牌大学、文人学者对乞讨者富有人道主义精神的同情心,使乞讨者常常云集于此。

热闹的广场不分昼夜

哈佛广场的热闹其实不分昼夜。特别是夏季时分,白天广场的四周总会出现许多街头艺人,弹吉他的、吹萨克斯风的、清唱民谣的、演奏热情的南美乐器的,空气中随时流溢美妙的乐音,随着来往的人潮飘荡,将广场气氛点缀得缤纷有活力。

晚上的广场更是一点也不寂寞,什么三教九流都到了此地,许多小酒吧则是灯火辉煌,人声鼎沸。如果你对爵士乐有偏好,那么建议你到剑桥区的查尔斯饭店,这里所邀请的爵士乐团可是超级优秀,要听一场高水准的爵士演奏,只要花上12块美元,包你超值享受。

迷你知识卡

爵士乐

一种起源于非洲的音乐形式,由民歌发展而来。爵士乐以多种形式呈现出繁荣景象,其乐曲风格极其耀眼,节奏一般以鲜明、强烈为主,从根源布鲁斯、拉格泰姆、经过新奥尔良爵士乐到摇摆乐、主流爵士、比波普、现代爵士到自由爵士及电子爵士。

16 通迪凯尔广场（尼泊尔）
——昔日的军用广场

尼泊尔国旗

1. 过去操练军队之地
2. 有趣的传说
3. 尼泊尔政治、经济和文化中心
4. 尼泊尔的黑暗时代
5. 国王出席广场上的庆祝活动

◆ 过去操练军队之地

尼泊尔首都加德满都是一座历史悠久的古城，这座城市北通西藏，南达印度的3条通商要道的交汇之处，地理位置十分重要。加德满都这个名字，是由著名古迹独木庙的译音——"加斯塔满达帕"演变而成的。

在这座独木庙附近有座叫俱摩哩庙的奇特庙宇，庙里供奉的神不是木石或者泥塑的雕像，而是有血有肉的一个可爱的女神。充当俱摩哩的童女要在7—9岁的女孩里挑选，被选中的女童就到庙里去当神祇，直到青春期到来之前时才结束女神的生涯。这个女神就是难近母（即湿婆神之妻）的化身。

每年9月都要举行女神节，童女神都要盛妆打扮，坐在彩车之上游行，举行隆重的庆典仪式，街上人山

世界文化遗产之博达哈佛塔

人海，十分热闹。这期间，连国王也要请女神在自己的额头上点吉祥痣，以获得治理国家的权力。可见女神在尼泊尔受到的崇拜程度。

通迪凯尔广场，在尼泊尔首都加德满都市中心，又称中央广场。

广场南北长800米，东西宽260米。环境优美，芳草如茵，四周有1米多高的栏杆。广场已有200多年历史，过去常作操练军队之用。

有趣的传说

在尼泊尔语中，通迪凯尔是"演兵场"或者"校场"的意思。人们通常又称通迪凯尔广场为古鲁玛帕广场。原来呀，这里还有一个有趣的传说呢。据传说，古鲁玛帕是尼泊尔古时候的一个魔王，这个可恶的魔王古鲁玛帕经常在这一带出没，专门吞食儿童。谁家的孩子不听话或者哭闹时，大人只要一说"古鲁玛帕来了！"小孩就会马上停止哭闹，可见这个恶魔是家喻户晓的。

为了除掉这个魔王，尼泊尔人就选在魔王来吞食儿童作恶的这一天，开展赛马活动。让急驰的马群踩在恶魔身上，踏成肉泥，让作恶多端的恶魔古鲁玛帕永世不得翻身。久而久之，这一天便成了尼泊尔的赛马节。这是武力解决恶魔的一个办法。

更有趣的是，在赛马节的晚上，尼泊尔人还会牵来一头公牛，拴到通迪凯尔广场东南面的一棵大树下面，同时供上一罐米饭，送给魔王古鲁玛帕，叫它吃饱了不要再吞食儿童。

时间一长，赛马节赛马和提供贡品就成了习惯。据说，从此古鲁玛帕就再也没有出现过。

尼泊尔政治、经济和文化中心

广场以西为旧城，建筑古老，昔

通迪凯尔广场上的特色建筑

装扮成神的苦行僧

日的王宫哈努曼多卡宫就在这里；离此宫不远处是科特庭院，曾是皇家军械库和国王召集文武官员宣旨议政的地方。

1846 年身为皇家军队三团指挥的忠格·巴哈杜尔·拉纳，为了篡权，在这里惨杀了 400 多人，其中有首相、大臣、将军等 30 多人。

广场以东为新城，有政府大厦狮官、市政厅、银行、新闻机构和商业大厦等建筑，形成了当今尼泊尔政治、经济和文化中心。广场东面还有一个以远嫁古代藏王松赞干布的赤尊公主命名的展览场，这里有数十幢班房建筑，各种展览会、节日庙会、游艺活动在这里举行。广场南面，旧称小通迪凯尔广场，于 70 年代建起体育馆和露天体育场。

在一条东西向街道的街心公署里矗立着烈士纪念碑和现在尼泊尔国王比兰德拉国王的祖父——特里布文国王的半身铜像。广场北面是王后公园。

尼泊尔的黑暗时代

追溯历史：忠格·巴哈杜尔·拉纳 16 岁从军，在印度北部流浪了几年后，在 1840 年加入尼泊尔炮兵部队，1841 年 11 月成为国王的贴身侍卫，在国王和王后争权的斗争中青云直上，1846年杀死阴谋篡位的加甘·辛格，随后架空了王后，拒绝流亡的国王返回并宣布废黜了国王，另立新君，他破天荒的在尼泊尔的三角国旗下方添加上他的家族徽章，他任终身首相，冠以"拉纳"称号。

他的两个儿子还在幼年时就和国王苏兰德巴拉的女儿成婚，借此保持和王室的关系。但他的王室的权利缩小到只能签署文件的地步，一切内政、外交、战争的权利都属于首相。

他于1850—1851年冒险漂洋过海出访英国，见到过维多利亚女王，他对英国的建筑、工业佩服的五体投地，从此一生亲英。

1857—1858年印度民族大起义时，他将2.5万人的军队中的1.5万派去援助英国人，他的忠诚终于有了回报，战后英国废除了东印度公司，开始了英国政府直接统治印度的历史，英国并将从前尼泊尔割让给英国东印度公司的特莱平原地区退还给尼泊尔。

鉴于廓尔喀的英勇，每年招募廓尔喀人，从此开始廓尔喀人在英军服役的历史，通过这种巧妙的外交手段，尼泊尔在印度次大陆落入英国手中时仍然保持独立。

从1692年战争后，尼泊尔自认是清王朝的藩属，每五年一次越过千山万水到北京去朝贡。由于清王朝在鸦片战争中战败和太平天国的兴起，这种权威受到动摇。1852年尼泊尔使节在北京控诉，西藏地方政府阻挠尼泊尔贡使，征收高额关税，1855年尼泊尔和西藏发生战争，在驻藏大臣的压制下，西藏地方政府被迫同意免除尼泊尔的关税，允许尼泊尔商人在拉萨定居，并赔付1万卢比白银，作为尼泊尔继续承认是清朝藩属的代价。

拉纳努力修改行政，引入官僚机制，并把他的兄弟安排到每一个重要岗位上去，他改革旧刑法，因为其父亲和异母兄弟在法庭上争吵被杀，他禁止在法庭上携带武器。通过翻译佛教的典籍，重新修改了法律条文，禁止了血亲复仇。虽然他要废除寡妇殉葬制度，但他死后他的三个妻子还是跳进了火葬堆。

通迪凯尔广场

担任世袭首相后,他认为只有成年人才能保持国家的稳定,因此他设立一种集成制度,传位给弟弟而不是儿子,到第二代时,则按年龄顺序传位给所有兄弟的子嗣。以此类推,据此,巴哈杜尔死后,他的弟弟乌第普·辛格继位。英国退出次大陆后,1951年拉纳家族的最后一个首相退位,但此后仍保有显赫的权势。

国王出席广场上的庆祝活动

每天中午12点,通迪凯尔广场都会响起隆隆的午炮声。这是20世纪初,拉纳首相德瓦·沙姆谢尔当政后开创的放午炮的制度,一直延续到了今天。有时候,庆祝重大的节日,或者庆贺王宫里诞生了一位新王子或者公主,广场上也会鸣礼炮,以示庆贺。

通迪凯尔广场四周围着一米多高的栏杆,里面绿草如茵,美丽异常。它的东西两侧,有两座高大的彩门,是为比兰德拉国王1975年加冕时修建的,因此称为"加冕门"。

通迪凯尔广场是加德满都的政治活动中心,广场中央朝南一面有一个检阅台,朝北有一个露天舞台。每年的重大节日如民主日、宪法日、德赛节、赛马节等,这里都有群众集会、游行、阅兵或者军事体育表演等等。这里还是王室成员、政府官员的检阅之地,也是外交活动的场所。

每年的二三月,湿婆节之夜,是纪念湿婆诞辰的全国性节日。这一天除了在湿婆庙里举行庆祝活动外,这一天的下午,在加德满都的通迪凯尔广场之上,举行隆重的湿婆节庆祝仪式,鸣枪炮表演。皇家军队列队对天鸣枪,以表示对湿婆神的崇敬。居民们听到枪炮声以后,就赶紧到地里播下南瓜或黄瓜籽,以求获得丰收。人们通宵达旦地进行庆祝活动。每年的湿婆节之夜,尼泊尔国王都要发表祝贺节日的文告,出席广场上的庆祝活动。

传说这里还是金城公主嫁给松赞干布玄孙时,金城公主的父亲送给她的陪嫁,如果这个传说是真实的,那么这个广场就应该是中国的。

迷你知识卡

殉葬制度

用活人殉葬,是奴隶社会的一种非常残酷的制度。殉葬人有活埋的,也有被杀或自杀后陪葬。中国的殉葬制度,最早始于殷商时期。

17　哥伦布广场（西班牙）
——为纪念哥伦布而建

西班牙国旗

1. 海上强国的标志
2. 著名的航海冒险家
3. 广场屹立着哥伦布的雕像
4. 墙壁上的大航海图
5. 名副其实的不夜城

俯视哥伦布广场

海上强国的标志

哥伦布广场是市内最大和最著名的广场之一，也是吸引游客的好地方，它紧临卡斯提尔大道，周围大厦林立，位处车水马龙的闹区。旁边是迪斯古布里曼托花园，位于流浪者大街的尽头。

1885年，在广场上一座新哥特式的雕像台上立起新大陆发现者哥伦布的雕像。广场另一面是4座巨型混凝土雕塑，看上去有点像大型白齿，它们也是为了纪念哥伦布而建，上面的碑文描述了美洲的发现过程。

凡是到西班牙巴塞罗那的人，都要去哥伦布广场看一看，瞻仰著名航海家哥伦布的纪念碑，去参观广场对面的哥伦布蜡人博物馆，去看看广场下面多姿多彩的巴塞罗那文化中心。

著名的航海冒险家

克里斯托弗·哥伦布，意大利航海家。生于意大利热那亚，卒于西班牙巴利亚多利德。一生从事航海活动。先后移居葡萄牙和西班牙。相信大地球形说，认为从欧洲西航可达东方的印度。

在西班牙国王支持下，他先后4次出海远航。开辟了横渡大西洋到美洲的航路。先后到达巴哈马群岛、古巴、海地、多米尼加、特立尼达等岛。在帕里亚湾南岸首次登上美洲大陆。考察了中美洲洪都拉斯到达连湾 2 000 多千米的海岸线，认识了巴拿马地峡，发现和利用了大西洋低纬度吹东风、较高纬度吹西风的风向变化；证明了大地球形说的正确性。

他的远航是大航海时代的开端。新航路的开辟，改变了世界历史的进程。它开创了在新大陆开发和殖民的新纪元。当时欧洲人口正在膨胀，有了这一发现，欧洲人就有了可以定居的两个新大陆，就有了能使欧洲经济发生改观的矿藏资源和原材料。这一发现，导致了美国印地安人文明的毁灭。

从长远的观点来看，还致使西半球上出现了一些新的国家。这些国家与曾在该地区定居的各个印地安部落截然不同，它们极大地影响着旧大陆的各个国家。它使海外贸易的路线由地中海转移到大西洋沿岸。

从那以后，西方终于走出了中世纪的黑暗，开始以不可阻挡之势崛起于世界，并在之后的几个世纪中，成就海上霸业。一种全新的工业文明成为世界经济发展的主流。

广场屹立着哥伦布的雕像

迄今，哥伦布广场上仍屹立着高大的哥伦布的雕像。广场百米见方，高出街面 2 米，像一座巨大的露天舞台，大街和广场一起构成了一个壮观的整体。

位于卡斯蒂利亚大街的广场，广

哥伦布广场

场上哥伦布纪念碑下面的街上并列着两座巨大的船形喷水池,每个喷水池都喷出3组粗大的水柱,犹如哥伦布率领的3条帆船乘风破浪向大西洋彼岸挺进。

更为巧妙的是,广场高出街道的百米边缘上,建成了水帘瀑布,如惊涛骇浪一般托着正在前进的3条帆船。哥伦布纪念碑矗立在水帘瀑布的上方。下面的大水池中有几个不规则的石山,象征哥伦布发现的美洲新大陆。纪念碑、石山、水帘瀑布和喷水池构架成哥伦布出使"印度"的会意图,构思、布局十分精巧。用白色大理石雕成的哥伦布纪念碑有17米之高,纪念碑之上是哥伦布塑像。

纪念碑正面向着西方,哥伦布塑像左手向前,正指向美洲大陆;脚下踩着地球仪,哥伦布右手握的旗杆正好倚在刚刚"发现"的美洲大陆之上。纪念碑下端正方体的底座上,四面的浮雕精美绝伦,每一面雕塑都有一段动人的故事。

朝北一面雕的是一条船和一个地球仪,地球上刻着"哥伦布把新大陆献给卡斯蒂利亚莱昂国王"一行字;向西的一面也就是正面雕塑的是当年天主教女王伊莎贝尔全力支持哥伦布,为他远航而献出自己的珠宝首饰的动人场面。原来哥伦布的航海计划曾先后呈给葡萄牙、英国国王和威尼斯官员,均遭到拒绝。

妻子去世后,哥伦布带着7岁的儿子来到西班牙,结识了圣玛丽亚修道院教士胡安·佩雷斯;在佩雷斯的引荐下,他见到了伊莎贝尔女王,从此,他的航海计划才得以实施。

东面雕的是哥伦布把航海计划呈送给支持他航海的迭戈·德德萨教士的画面。南面雕塑的是皮拉尔贞女像。因为1492年10月12日是皮拉尔贞女节,这一天又正是哥伦布"发现"新大陆的日子,所以从此贞女皮拉尔就成了"发现"美洲新大陆者的保护神。下面还刻着哥伦布于1492年8月3日第一次出航时三条

帆船圣玛丽亚、滨塔、尼尼亚的名称和首次随他航行的水手名单。

竖立在广场上的哥伦布雕像

底座的最下面，刻写的是"此纪念碑是应王室全体贵族联名倡议，建于阿方索12世纪时代"字样。当年哥伦布广场建在卡斯蒂利亚大街中央，纪念碑周围也只有一个圆形的花坛。是西班牙贵族为了国王阿方索12世与玛利亚·德拉斯梅赛公主结婚造声势、捧场，而捐款修建的。

当1885年纪念碑建成时，国王阿方索十二世却病倒了，落成仪式就没有像设想的那样气派，只举行了个简单仪式，并且决定把纪念碑献给王室，保佑国王早日康复。在纪念哥伦布发现新大陆400周年之际，王室又把哥伦布纪念碑交给了马德里市政府。经过多少岁月的沧桑，哥伦布纪念碑已经显得陈旧，显得小气了。

1973年马德里政府经过协商，决定重新扩建哥伦布纪念碑和哥伦布广场。通过精心设计，广招能工巧匠，用了5年时间，把纪念碑迁移到街旁，把哥伦布广场扩建成如今这个雄伟、壮观的大广场，并在广场下面新建了地下文化中心。

墙壁上的大航海图

从哥伦布纪念碑的台阶进入地下，展现在眼前的是地下艺术宫殿。地下走廊宽阔明亮，一边是广场水帘，墙上装饰的是欧美地图浮雕、哥伦布第一次出航的往返示意图，两边是文化中心的出入口。

文化活动中心的主要活动场所有大剧场、小剧场、电影院、会议厅、雕塑艺术厅、儿童乐园、地下花园、酒吧和地下图书馆。地下剧场有上千个座位，舞台上装有现代化的设备，每天演出四场不同的节目。雕塑艺术展览室是最大的一个厅，室内陈列许多著名艺术家的雕塑作品，还陈列着一段马德里1000多年前的古墙。

文化中心外的墙壁上，是一幅哥

伦布发现各地记有年代的大航海图。

1476年,哥伦布在航海途中的激战中落入水中,靠着一块破碎的船板泅渡到葡萄牙,从此在这里学习航海知识。此时,聪慧与勤奋帮助了哥伦布。在这里,他学会了葡萄牙文及拉丁文,并利用这些语言深入研究了航海所必不可少的宇宙学和数学,并且学会了绘制地图和使用各种航海工具。更为重要的事,在航海强国葡萄牙,哥伦布在思想上为远航做好了准备:他阅读了《马可·波罗游记》,对东方的富饶遐想无限,使他产生了到东方的想法;他接触了学者托斯勘内里,接受了"地圆学说",坚定了从海上到达东方的信念。

当哥伦布向葡国王室提出资助被拒绝后,他来到了西班牙。出于共同的对黄金的追求,哥伦布与西班牙王室达成了一致(签订《圣塔菲协定》),他拥有了自己的船队、自己的船员,带着主的庇佑和任务起航了。

1492年8月3日,第一次西航开始了。途中,因长期漂流,不见陆地,水手几乎暴动。但他执着向西,于10月12日凌晨2点,在巴哈马群岛水域发现"陆地"。他将该岛命名为"圣萨尔瓦多"。就这样,新大陆被发现了。

1493年3月4日,哥伦布回到里斯本,并于1494年4月底回到巴塞罗那,被授予重奖。至此,第一次航行胜利结束。

随后,哥伦布又于1493—1496年,1498—1500年,1502—1504年分别进行了三次西航,不断发现并"完善"这一新大陆,于是,新的时代到来了。

名副其实的不夜城

哥伦布广场上绿草如茵,数以百计的喷泉、瀑布被绚丽的灯光照得五光十色;地下文化活动中心的各个场所昼夜开放,游人如织。地上地下交映成趣,使得哥伦布广场成了一座名副其实的不夜城。

哥伦布

意大利航海家。生于意大利热那亚,卒于西班牙巴利亚多利德。一生从事航海活动。先后移居葡萄牙和西班牙。相信大地球形说,认为从欧洲西航可达东方的印度。在西班牙国王支持下,先后4次出海远航,开辟了横渡大西洋到美洲的航路。先后到达巴哈马群岛、古巴、海地、多米尼加、特立尼达等岛。

18 巴士底广场（法国）
——法国大革命的发源地

法国国旗

1. 法国大革命的发源地
2. 巴黎人民在这里宣布成立共和国
3. 一段血腥历史的写照
4. 一个广场的叛逆性质
5. 繁盛瑰丽的巴士底集市

◼ 法国大革命的发源地

巴士底广场是法国大革命的发源地。如今，巴士底广场原来的巴士底狱已经被拆除，广场的中央，树立着一根铜柱，是为了纪念1830年法国革命再次推翻封建帝制。

巴士底广场位于巴黎塞纳河右岸，巴黎市区东部，是昔日巴士底狱所在地。从亨利四世林荫大道向北伸延的曲折砌石线标明了原巴士底狱的范围，在圣安东尼街和雅克-葛尔街的交角上一块大理石上刻着："这里原为巴士底狱前院大门。"

巴士底广场始建于1370年，本意是做为国王查理五世的王宫。据说它有8个炮楼，24米高的围墙，25米宽的护城沟。尽管壁垒森严，巴士底狱却曾在内战中七次被攻克、六次投降，威风落尽。亨利四世时代，巴

巴士底广场街景

士底宫被用来做为储存军费之处，藏有450万利弗尔。但是亨利四世死后，这笔钱被他的败家老婆、摄政王玛丽·德·美第奇挥霍殆尽。于是

巴士底王宫后来又被改为监狱。

封建贵族们以"后门"弄到一纸"御玺令"(也译为"国王火漆信"),不必经过司法程序,即可以公报私仇,随意关押各类人士,包括大名鼎鼎的"铁面人"和伏尔泰。1784年,御玺令被取消,巴士底狱进行了清理,只留下32个瑞士卫兵和82个荣军院士兵留守。实际上,当1789年7月14日被巴黎民众攻克时,里面只剩有7名囚犯。

■ 巴黎人民在这里宣布成立共和国

巴士底广场是法国历史的见证之一:1848年2月,巴黎人民在这里宣布成立共和国;"六月起义"和巴黎公社时,无产者又在这里与敌人拼搏,以捍卫这座人类历史上划时代的里程碑;1981年5月10日,密特朗当选法国总统,30万群众涌向巴士底广场,游行、联欢,以示庆祝。

巴士底狱在1789年7月14日的遭遇,确实是一段耐人寻味的历史。那天引起攻打的原因,是因为民众和政府军发生武装冲突之后,架在巴士底狱的高墙上的大炮对群众造成一种威胁,所以必须解决。

然而,所有的人,不论是那天奋勇冲击这个堡垒的民众,还是每年欢庆这个国家盛大节日的法国人,以及无数和法国没有丝毫关系的遥远的人们,即使他们明明知道这一情节,他们还是不会愿意把这样一个事件,解释成一个战术性的战斗细节。在大家眼里,一个石头的建筑,一个巨大的城堡,就是旧制度的象征。

路易十六的时代,整个贵族阶层和宫廷本身,并不是历史上最坏的时候,甚至可以说,这是坏制度的比较好的时候。这是社会的整体进步所决定的。欧洲在艰难地逐渐步出野蛮。例如,在中世纪还非常普遍的地牢,已经在法国大革命前100多年就渐渐停止使用了。

巴士底广场

有许多残酷的纠正,并不是革命,并不是法令,而是"人"自己由于人性的觉醒,开始厌恶残忍。人们在书写历史时,总是习惯把目光的焦点对准改朝换代,对准战争与革命,对准理论诞生的年代,认为这些才是人类的脚印,才是进步的印记。

广场的巴士底歌剧院

然而,对无数在历史上从来没有名字的普通人,他们所深切体验的进步,其实是人道和人性发展的个个细节。比如,从哪一年开始,地牢不再使用,从哪一年开始,囚徒可以不再饥饿致死,从哪一年开始,酷刑被废止,从哪一年开始,人们可以获得公平的审判,获得不再恐惧的自由等。

一段血腥历史的写照

革命的法兰西实在是容不得巴士底狱。1789年7月14日后,巴士底狱即被拆除。它的一部分砖石被送往地方各省作为历史纪念品,还有一部分砖石被用来修建连接协和广场和塞纳河南岸的石桥。再后来,1847年在此开辟了里昂大道、1859建立了里昂火车站、1866年开辟了亨利五世大道。接着又有了布尔登大道、圣安东尼路。巴士底大剧院等等。昔日的城堡连同它的壕沟、吊桥、牢房和兵营、以及法国的封建王朝,统统荡然无存。

巴士底狱今天已经片瓦不存。现在只能在巴黎市历史博物馆,看到它的模型、巴士底广场照片和遗物。它曾经是非常壮观的一座中世纪城堡,建于1370年。

它有着30英尺厚、100英尺高的围墙,有80英尺宽的壕沟环绕。它曾经是旧制度压迫的工具。尤其在路易十四的专制时期,根本没有最起码的法治可言,人们没有基本的权利保障。入狱和长期监禁都不需要提出任何理由。

读过大仲马的《铁面人》和雨果的《悲惨世界》的人都知道,巴黎的巴士底广场是一段血腥历史的写照,200多年前,这里矗立着的是法国皇帝森严的监狱。那时,这里绝不是个善待客人的地方。

广场的标志建筑"七月柱"

一个广场的叛逆性质

1789年巴黎民众攻占巴士底,随着君主制度的崩溃,巴士底广场也成了巴黎人狂放自由的舞台。

巴士底广场的来客大多是年轻人,他们来此很少乘车,多数时候都是脚踩旱冰鞋滑来的,有的人还开着大马力的摩托车。不论男女,身上穿的都是最新潮的衣服,但并不是人所周知的名牌衣服。他们认为,那种全世界都能买到的衣服是大众的,他们只钟情于那些极具个性的、更小众的设计师。这些人使巴士底广场成为巴黎最前卫的流行天台。

如果你是一个外来客,行头和气质没有几分酷劲儿,那就趁早躲远点。一个打扮不入流的人在这里停留不到3分钟,即使别人不向你投来奇怪的目光,你也会很快感觉到自己是个不和谐的另类。

巴士底广场的反叛气质不只是在人群中才能感受到,作为广场主体建筑的巴士底歌剧院,也扮演了一个颠覆者的角色。

这座被认为是欧洲最大的歌剧院之一的建筑,由壮观的玻璃帷幕和黑灰色的大理石柱廊构成,从里到外都具有浓厚的后现代气质。如此新潮的现代建筑赫然耸立在巴士底广场的中心交叉位置,并成为巴士底今天的前卫地标,这样鲜明的反差和冲突,构成广场一个很酷的背景。

繁盛瑰丽的巴士底集市

歌剧院把巴士底广场的周边地区分成两半。一边是老铁道桥改造的花园长廊,长廊上层是蔓延数千米的人行道,底下每个桥拱里都是很有特色的手工艺品商店、设计室或者画廊。另一边,就是著名的圣安东尼城郊大街。

"城郊"是沿袭古时的叫法,其实这条大街早就成了巴黎城区的一部分。虽然保持了19世纪之前的外观,但早先那些闻名全巴黎的老式家具铺子、皮革店、画框店,现在都慢慢被时装店和酒吧取代了。年轻的艺术家、设计师把这里当成实验据点和创意的天堂,摆弄出无数稀奇古怪的店铺。

巴士底广场周围的街口布满了咖啡馆,来此享受生活的人们,大多喜欢坐在露天的椅子上喝咖啡或品酒。如果留意一下还会发现,那些在咖啡店穿梭忙碌的女招待,不仅都有婀娜的身段,打扮也毫不马虎。

巴士底广场是俊男美女的天下,店家做的都是时尚生意,侍者的长

巴士底广场一角

相和着装不入流的话，是很难干下去的。

而巴士底广场旁的巴士底露天市场大概是全巴黎最精彩的市场，它的诱人之处在于汇集了全法国各地最精彩的食材，市场管理者非常的高明，在每一类食材里一律只容许少数几个口碑优良的货商进入，不仅确保了品质的优异，也使集市商品内容多元化。

来到巴士底集市，仿佛进入一处活生生的法国料理食材博物馆一般，平素书籍里食谱里菜单里看到的，餐厅里吃到的各种珍馐美味，这会儿，全部都一一跃然眼前！

巴士底集市并不是每天都有的，只有每逢周四与周日清晨到中午，在正对着巴士底广场的里查德·雷诺阿大道开市。每年9月是造访巴士底集市的最佳时刻，这是一年中物产最富饶丰美的秋季，海鲜、秋罩从四面八方汇集而来，场面最浩大隆重的，当属市场中央位置的几个海鲜摊，刚刚从布列塔尼运抵的各样鱼虾蚝蚌，发出闪闪亮光，簇拥成山尖一样。

还有无数新鲜香料和蔬菜瓜果，又卖椒类的摊子，红椒青椒黄椒，长短鲜绿，热闹非凡。隔壁鲜香火辣的气味扑上面来，熏得人差点睁不开眼。还有香肠火腿的摊子，奶酪的摊子，禽类肉类的摊子，闻名遐迩的布列斯鸡，一整只连头带尾剥了毛皮的兔子，鸽子、鹌鹑、雉鸡……形形色色都是秋季最当令的野味。还有专卖各地蜂蜜蜂蜡的摊子，不同配方咖喱粉的摊子，各种腌橄榄的摊子，各种干果的摊子，各种马铃薯的摊子……

专卖橄榄的摊子上还体贴地提供了面包，客人可以品尝到从法国普罗旺斯到西班牙安达鲁西亚到意大利托斯卡纳，从国家到地区到村庄，一地接一地尝试个痛快。

巴士底集市仿佛是一个繁盛瑰丽的美妙大千世界，这里可以让你一再地对美食与料理，充满了无限的好奇与追求，以及无限的欲望和野心。

迷你知识卡

巴士底狱

巴士底狱是一座非常坚固的要塞。它是根据法国国王查理五世的命令，按照12世纪著名的军事城堡的样式建造起来的。到18世纪末期，它成了控制巴黎的制高点和关押政治犯的监狱。

19 城堡广场（波兰）
——从现代通往旧城的入口

波兰国旗

1. 华沙的政治中心
2. 五边形土木结构
3. 著名的"华沙速度"
4. 广场上的"黄金屋"
5. 古城中的现代气息

▍华沙的政治中心

城堡广场，名字来源于以前这里的古城堡，广场是华沙的政治中心。

华沙是波兰的首都。关于华沙的来历，有许多动人的传说。华沙，波兰文为"瓦尔沙娃"。相传，古时候维斯瓦河岸边住着一对青年，男的叫瓦尔西，女的叫沙娃。看到他们相亲相爱，国王非常生气，下令拆散他们。但在乡亲们的帮助下，他们终于获得了幸福。后人为了纪念他们英勇斗争、忠贞不渝的爱情，就以他俩的名字为这座城市命名。

还有一种传说，在远古时代，一个国王为了寻找建都的地方而周游各地。有一天，他来到维斯瓦河畔，

城堡广场街道

忽然见到一尾美人鱼从河中跃起，它告诉国王，这里就是建都的理想之地。

它还引导国王见到一个叫华沙的渔夫，国王听渔夫说这里将出现一座繁华又美丽的城市，便决定在此建都，华沙就成了首都的名字。后来，波罗的海王赐给美人鱼一把利剑和琥珀盾牌，要它守护这座城市。

蓝色的维斯瓦河把华沙变成两半，河的两岸为华沙古城，东岸是现代化的高楼大厦。

古堡广场位于古城之中，老城区内有欧洲中世纪古色古香的建筑群，是华沙著名的旅游景点区。

五边形土木结构

古堡广场两边是华沙王宫城堡。波兰著名建筑和旅游景点华沙王宫城堡建于13世纪末玛佐夫舍公国，也称为华沙城堡，原是防御性五边形土木结构，不久就又开始建造了第一批石结构建筑物来取代。

王宫最古老的建筑物是14世纪上半叶建造的哥特式"大庭院"，当时用作玛佐夫舍大公的府邸。16世纪上半叶玛佐夫舍公国归并波兰王国，1595年，瓦维尔宫被大火焚毁，国王把国王府邸迁到华沙。17世纪中叶，王宫已经成为华沙的主要景观。

王宫建筑美轮美奂，装修富丽。华沙古城是华沙最古老的地方，也是首都最有特色的景点之一。

它建于13世纪和14世纪之交，扩建于15世纪，改建于17世纪，建筑风格为哥特式。

古城以札姆克约广场为界，外围有城墙作为区分。札姆克约广场上有一座手持十字架的雕像，是为了纪念把波兰首都从克拉科夫迁到华沙

圣血教堂

而立。

札姆克约广场旁的旧王宫从西元1971年开始整修重建,现在成为博物馆对外开放,收藏许多波兰历任王朝统治者的珍贵宝物,有精美华丽的皇室收藏。1944年华沙起义初期,起义者解放了古城。

起义失败后,德国法西斯把古城毁成一片废墟。战争一结束,波兰人民就着手重建华沙古城。

1949年古城广场四周耸起第一批建筑物。1953年7月22日举行隆重移交仪式。1963年整个工程竣工。

古城每座建筑物的外貌都保持了原来的建筑风格,而其内部结构和设施则是按照现代化建筑技术进行改建的。

在王宫广场中心,耸立着泽格蒙特三世瓦扎圆柱纪念碑,是由瓦迪斯瓦夫四世为纪念其父泽格蒙特三世瓦扎迁都华沙于1644年兴建的。

圆柱高30米,人像高2.75米。站立在圆柱上的泽格蒙特三世头戴王冠,身披战袍,手执利剑和十字架。民间传说国王宝剑的指向含有不同的意思:向上指时,象征胜利和幸运;向下指时,预示厄运和衰亡。

著名的"华沙速度"

华沙古城的重建,要从二战前说起。当时希特勒叫嚣:要在短期内消灭波兰。波兰人非常气愤,但当时波兰统治者懦弱无能。出于对祖国建筑文化遗产的热爱,华沙大学建筑系的师生们把华沙古城的主要街区、重

城堡广场

要建筑物都作了测绘记录。战争一爆发,他们把这些图纸资料全部藏到山洞里,房屋街道虽然毁了,但它的形象资料保存了下来。

战后在重建华沙城市时,苏联人主张要建一个崭新的、社会主义模式的新华沙。而许多华沙居民聚集在市政府前议论纷纷,华沙大学的师生们把战前画的老城市图纸拿出来展览,人们逐渐形成了一致的意见,要恢复华沙原有古城的风貌,并最终迫使政府改变了原来的决定。

当恢复华沙古城的消息传开后,流浪在国外的波兰人一下子归来了30万。

波兰政府顺应了人民的要求,组织他们投身重建华沙的劳动中,整个波兰掀起高涨的爱国热潮,人民的家园得到重建,这就是战后著名的"华沙速度"。

华沙古城后来作为特例于1980年联合国教科文组织被列入《世界遗产名录》。

世界遗产一般是拒绝接受重建的东西,但华沙人民自发地起来保护自己的民族文化和历史传统,为世界所有的古城作出了榜样,也对欧洲的古城保护产生了重要影响。

广场塑像

广场上的"黄金屋"

广场上的建筑都毁于第二次世界大战。战后,主要建筑得以恢复:皇家城堡、广场中间的西吉斯蒙德圆柱。

皇家城堡起源于14世纪,最初为哥特式建筑,后来改建为文艺复兴

图说世界著名广场

广场上的皇宫城堡博物馆

式,1596年首都从克拉科夫迁到华沙后,此处就成为波兰王宫,以及国会议事堂。两次世界大战之间,此处是波兰总统府。1970年重建。

如果顺着广场走一圈,会看见许多意大利式的四方或三角形的玻璃窗设计,显得别具一格,广场的第7号门楣上镌刻着"黄金屋";27号是华沙银行家与大企业家的住宅,建筑格局与其他建筑有所不同;它的西边有一排屋子,外面虽是相连的,但造型却各不相同,里面是打通的,内有电影院。放映的电影与华沙的历史有关,可清楚看到华沙如何在一次次毁灭之后重生。

古城中的现代气息

古堡广场是艺术家的世界。一步入广场,古城内的残垣断壁上挂的美术作品就呈现在眼前,这些油画、水彩画、素描等风格不同的艺术品吸引了许多外国游客,他们驻足于此,用不同的语言和手势与卖主讨价还价,购买自己喜欢的艺术品。

广场上又是一处文艺演出之地,许多身着五彩缤纷民族服装的演员在,边歌边舞,有的还出售自己的音像带。据说这是波兰国家剧院实行体制改革后出现的新景观。波兰人酷爱音乐和艺术,艺术家们在古堡广场的演出受到了人民群众的热烈欢迎。

迷你知识卡

圣血

耶稣在最后的晚餐上说"面包是我的肉,葡萄酒是我的血",基督教把葡萄酒视为圣血,教会人员把葡萄种植和葡萄酒酿造作为工作。

20 兵器广场（古巴）
——人类文化遗产

古巴

1. 荟萃了各种建筑风格
2. 加勒比海的明珠
3. 故乡的父亲塞斯佩德斯
4. 哥伦布安葬在这棵木棉树下
5. 许多华侨参加了反殖民者的战斗

▼ 荟萃了各种建筑风格

古巴位于加勒比海的西北部，是西印度群岛最大的岛国。首都哈瓦那座落在古巴岛的西北岸，扼佛罗里达海峡西南口，与美国佛罗里达半岛隔海相望。

传说西班牙探险家埃尔南多·德·索托1538年决定去北美探险，他率领10条船、1000人和350匹马从西班牙出发。1539年在佛罗里达坦帕湾以南登陆，留100人守船，又率众从古巴岛出发；于1540年首先发现了北美的密西西比河，又从那里继续他的海上航程。所以，自那时起，古巴岛的哈瓦那，就成了欧洲殖民者征服北美大陆的必经之地。

哈瓦那的兵器广场，又称卡洛斯·曼努埃尔·德塞斯佩德斯广场，它座落在闻名于世的哈瓦那老城区

灯光下的兵器广场

之内。老城区位于哈瓦那湾西侧的半岛之上，这里石砌砖铺的街道很狭窄，古老的西班牙式房舍苍凉古朴，别具特色。

其中有88座被列为珍贵历史文化，它们荟萃了陶立克式、穆迪扎尔式、巴洛克式、新古典主义式各种建筑风格。这里曾是总统府的所在地，如今已成了博物馆。

▼ 加勒比海的明珠

哈瓦那是古巴首都和全国经济、

文化中心。人口超过 220 万。这座海港城市极具特色和韵味，古典与现代，新大陆与旧大陆，白色与黑色，阳春白雪与下里巴人……一起都在这个阳光明媚、生机勃勃的热带港口和谐的统一起来。

哈瓦那

"哈瓦那"一词来自当地原始土著居民的语言，一说是"大草原"或"大牧场"；也有城市"小海港"或"停泊处"；但是更为普遍的说法是：它源自古代印第安民族西博内部落一位酋长的名字，它叫哈瓦内克斯。

1514 年，西班牙殖民军首领拜菲洛·德纳瓦伊斯在现今哈瓦那的西南部沿海哈瓦瓜内克斯的领土上建立了古巴第二座城市哈瓦那镇。但是，哈瓦那镇当时是一片沼泽地，气候炎热潮湿，蚊子肆虐，疾病蔓延，很不适宜人们生活。

1517 年，哈瓦那镇搬迁到北部沿海阿尔门达雷斯河畔。后来，在东边发现了今天的哈瓦那小海湾，于是就迁移至小海湾西岸。1519 年 11 月 16 日，哈瓦那确立永久性城址，西班牙牧师带领将军、士兵和当地土著印第安人在现今哈瓦那老城武器广场北侧的一棵木棉树下进行哈瓦那第一个天主教弥撒。那里至今还有一座 1828 年建造的神龛作为建城永久纪念。

哈瓦那因其海港城市的特色和坐落在南北美洲之间，具有得天独厚的地理位置，很快变成了西班牙的一个重要战略据点，成为欧洲"旧世界"和美洲"新世界"之间通商和航运的中转站和必经之地。

1561 年，西班牙国王腓力二世下令，为避免海盗和其他列强的侵扰和袭击，往来与西班牙和美洲领地的船只组队航行，要有护航，哈瓦那为往返船队的集结地。

集结时间少则三四个月，多则一年，其间水手、士兵和旅行者们就生活在港口岸边，于是城市以及港口的各种设施，如船舶修造工厂、商行、教堂、赌场、剧院、咖啡馆等就在哈瓦那小海岸西岸应运而生，并逐渐扩展、形成一个熙熙攘攘、颇具规模的海港城市。令人感慨的是，那时的新大陆还处于欧洲殖民者政府的初期。是西印度群岛中最大的城市和著名良港。

哈瓦那位于古巴岛西北哈瓦那湾阿尔门达雷斯河畔，扼守着墨西哥湾通往大西洋的大门，具有重要的战略地位。曾为西班牙在美洲的主要堡垒和西半球最大港口。现是西印度群岛最大城市。始建于1515年。1607年起为首都。港湾狭长，近岸水深12米，可容纳远洋巨轮，湾底建有地道，沟通两岸交通，全国一半以上的进出口货物经此。输出以糖、雪茄烟、热带水果等为大宗。

全国工业中心，有制糖、酿酒、烟草、化学、纺织、造船、造纸、制革、冶金、石油提炼等工业。交通中心。铁路和公路通全国各地，城郊有何塞·马蒂国际机场。有古老教堂（建于1704年）、哈瓦那大学（建于1728年）、城堡（建于1538—1544年）、广场、博物馆、纪念碑等建筑物，公园、图书馆众多，为著名的旅游胜地。

1898年起成为首都。地处热带，气候温和，四季宜人，有"加勒比海的明珠"之称。哈瓦那可分为旧城和新城两部分。旧城位于哈瓦那湾西侧的一个半岛上，至今还留有许多西班

兵器广场一角

牙式的古老建筑,是总统府所在地。大部分华侨也集居于此。

广场上的塞斯佩德斯雕像

哈瓦那老城是建筑艺术的宝库,拥有各个时期不同风格的建筑,1982年被联合国教科文组织列为"人类文化遗产"。新城濒加勒比海,是拉丁美洲著名的现代化城之一。

故乡的父亲塞斯佩德斯

1982年,联合国教科文组织把这里列为世界仅有的几大"人类文化遗产"。

兵器广场中央矗立着塞斯佩德斯英武的雕像。他生于巴亚莫,是古巴东部一个富有的地主和律师,1840年在哈瓦那大学获得学士学位,后去西班牙完成法律学业,1843年在西班牙参加了普利姆领导的革命,因此被流放到法国。

1844年从西班牙回国后购买了"德马哈瓜"甘蔗园,开始当律师和写作诗歌及小册子,并秘密组织独立运动,1868年10月10日他率领147个武装的很差的民兵占领圣地亚哥,做了演讲,宣布古巴独立,开始了"十年战争"。

这次起义迅速扩大,到10月底,志愿军人数扩大到1.2万人,并获得惊人的胜利。由于是大贵族出身,塞斯佩德斯赞成逐步解放奴隶的方针,即奴隶只有获得主人的同意才能参加军队,他立即宣布自己拥有的奴隶为自由人,邀请他们参加他和他的同伴密谋反抗西班牙殖民的起义。为此他被称为"故乡的父亲"。

起义军攻占东方省的巴亚莫,成立临时政府,塞斯佩德斯任主席、起义军总司令。1869年4月他当选为共和国总统,颁布新宪法,解放奴隶。但后来大批西班牙正规军队开到古巴镇压起义,起义政府接连作战失利,他的威望迅速下降,而且他对奴隶制自行矛盾的看法同时激怒了保守派和自由派,在1873年被法院缺席废黜。

1874年2月新的古巴政府不会

让他流亡并剥夺了他的护送队,他在山区避难时被西班牙士兵杀死于奥连特省。他的画像被印在10古巴比索纸币上,直到1959年被转移到100比索纸币。

古巴人民景仰怀念这位为人民的自由、解放、独立而牺牲的领袖,为他塑了雕像,并以他的名字为广场命名。

哥伦布安葬在这棵木棉树下

广场四周多为带有西班牙殖民时期风格的建筑,座落在东北角的是特姆普莱特神庙。1519年,西班牙殖民者在这座神庙前面的一棵木棉树下做了第一次弥撒。1777年,西班牙人又把哥伦布的遗骨从圣多明各移到了哈瓦那,起先就安葬在这棵木棉树下,后来才转到大教堂里。

木棉树在1828年被砍倒,不久又重新种上了一棵生长至今的木棉树。神庙里收藏着维尔迈的绘画。广场西面,是建于1780年,曾是西班牙殖民时期西班牙总督以及古巴独立后的总统住宅,1917年成为市政厅。这个历史博物馆别具一格的连拱廊、木雕阳台和精致典雅的庭院,是西班牙殖民时期的杰出建筑之一。

广场附近的大教堂,是耶稣会员于1740年修建的,教堂直插云天的东塔上,有两个著名的乐钟。一个是1664年在古巴坦萨斯制造的,另外一个是1704年在西班牙制作的。登上塔顶哈瓦那全城和哈瓦那湾港口的美景尽收眼底。

许多华侨参加了反殖民者的战斗

特别值得一提的是,在九号街的广场上,矗立着一座高18米的红色圆柱形大理石纪念碑。这是古巴人民为了表彰华侨在古巴独立战争中的丰功伟绩,于1931年修建的。

在古巴,许多华侨参加了反殖民者的战斗,有时多达700多人,许多人至死不屈,英勇牺牲。纪念碑黑色的底座上刻着"在古巴的中国人,没有一个是逃兵,没有一个是叛徒"的碑文。

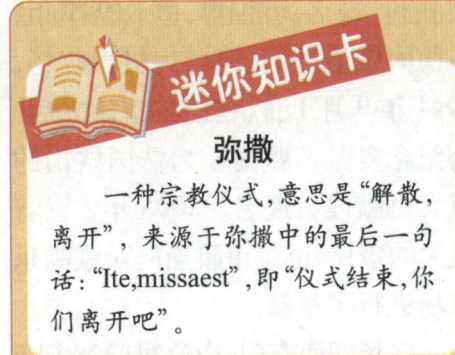

迷你知识卡

弥撒

一种宗教仪式,意思是"解散,离开",来源于弥撒中的最后一句话:"Ite,missaest",即"仪式结束,你们离开吧"。

21 戴高乐广场（法国）
——名胜古迹的簇拥地

法国国旗

1. 塞纳河以北的巴黎中心
2. 政府重点保护的名胜古迹
3. 法国的爱国主义教育基地
4. 亲历历史沧桑变迁
5. 名胜林立的广场

■ 塞纳河以北的巴黎中心

戴高乐广场是法国巴黎市中心主要广场之一，位于塞纳河以北，是12条主要道路的交汇点，其中最著名的就是向东南延伸通向协和广场的香榭丽舍大街。左面有巴黎的象征——埃菲尔铁塔、法国军事学院和荣誉军人院等。

这里是凯旋门的所在地。广场始建于1892年，1899年落成。该广场原名星星广场，1918年，为纪念一战胜利，改名为胜利广场，1941年，在德国统治之下，改名为贝当广场，1944年9月1日，在巴黎解放之后，为纪念夏尔·戴高乐为法国做出的巨大贡献改为现名。2005年，冒着极大的争议，巴黎市政当局对戴高乐广场进行了整修。

广场四面有门，中心拱门宽14.6

广场上的无名战士陵墓

米。外墙上有巨型雕像，以刻在右侧石柱上的《出征》浮雕最著名，是雕刻大师弗朗索瓦·吕德的不朽杰作。

门内侧刻有曾跟随拿破仑出征的386名将军的名字。门下有无名战士墓,并设有"长明火炬",以资纪念。周围12条林荫大道从广场辐射延伸,使凯旋门更形雄伟壮观。

政府重点保护的名胜古迹

从广场辐射出去12条林荫大道,有如星芒,汇连着巴黎的千街万巷。广场的中心矗立着象征巴黎的凯旋门。

凯旋门是巴黎四大建筑之一,是欧洲纪念战争胜利的一种建筑。始建于古罗马时期,当时统治者以此炫耀自己的功绩。后为欧洲其他国家所效仿。常建在城市主要街道中或广场上。用石块砌筑,形似门楼,有一个或三个拱券门洞,上刻宣扬统治者战绩的浮雕。

法国巴黎的星形广场凯旋门,又称戴高乐广场凯旋门,始建于法国皇帝拿破仑一世政权的鼎盛时期的1806年。这是欧洲100多座凯旋门中最大的一座,为巴黎四大代表建筑之一,是法国政府重点保护的名胜古迹。

凯旋门内外有许多精美的浮雕作品,最引人注目的是右侧石柱上一组大型浮雕《马塞曲》。上面的自由女神右手紧握利剑,直指前方,挥动左臂,号召人们为保卫法国大革命的成果而奋斗的激动人心的场面。

法国的爱国主义教育基地

巴黎12条大街都以凯旋门为中心,向四周辐射,气势磅礴,为欧洲大城市的设计典范。在凯旋门两面门墩的墙面上,有4组以战争为题材的大型浮雕:"出征"、"胜利"、

凯旋门

"和平"和"抵抗";其中有些人物雕塑还高达五六米。

凯旋门的四周都有门,门内刻有跟随拿破仑远征的386名将军和96场胜战的名字,门上刻有1792年至1815年间的法国战争史。

凯旋门的拱门上可以乘电梯或登石梯上去,石梯共273级,上去后第一站有一个小型的历史博物馆,里面陈列着有关凯旋门的各种历史文物以及拿破仑生平事迹的图片和法国的各种勋章、奖章。另外,还有两间配有法语解说的电影放映室,专门放映一些反映巴黎历史变迁的资料片。再往上走,就到了凯旋门的顶部平台,从这里可以鸟瞰巴黎名胜。

凯旋门的正下方,是1920年11月11日建造的无名烈士墓,墓是平的,地上嵌着红色的墓志:"这里安息的是为国牺牲的法国军人。"据说,墓中长眠的是在第一次世界大战中牺牲的一位无名战士,他代表着在大战中死难的150万法国官兵。

每逢节日,在戴高乐广场上就会有一面10多米长的法国国旗从拱门上垂落下来,在无名烈士墓上空迎风飘扬。在重大节日里,就会有一名身穿拿破仑时代戎装的战士,守卫在《马塞曲》雕像前。

浮雕马赛曲

每逢7月14日法国国庆日,法国总统都要从凯旋门通过,庆贺国庆之日。法国群众也聚集到星辰广场上来欢度国庆。每位法国总统在卸职的最后一天,也都要来到这里,向无名烈士献上一束鲜花。

戴高乐广场上的凯旋门和这里的无名烈士墓成了法国人民进行爱国主义教育的基地之一。

亲历历史沧桑变迁

作为巴黎的著名古建筑,凯旋门经历了历史变迁,1840年12月15日,法国七月王朝儒安维尔亲王率军舰前去圣赫勒拿岛,将拿破仑的遗体接回祖国。90万巴黎市民冒着严寒,满怀深情地参加了隆重的葬礼。拿破仑的遗体由仪仗队护送,最后被重新安葬在巴黎老残军人退休院的园顶大堂。

1885年,法国著名作家维克多·雨果逝世,法国人民为了缅怀这位伟大的作家决定为他举行隆重的国葬。他的遗体于5月22日在凯旋门下停灵一夜,随后被安葬在专门安葬伟人的先贤祠。

1919年7月14日,由参加了第一次世界大战的法国官兵组成的队伍穿过凯旋门以庆祝他们的胜利,这个日子同时也是法国的国庆节。

1920年11月11日,一名在第一次世界大战中牺牲的无名烈士的遗体在凯旋门下被安葬。随后的1923年,一簇纪念他们所有为祖国捐躯的法国士兵的焰火在这位无名烈士的墓旁燃起,从此,这簇火焰每晚都在18点30分被点燃,彻夜长明,经夜不灭。每年的11月11日也成了一战停战节纪念日,纪念1918年法国从德国手里收回阿尔萨斯和洛林地区。凯旋门同时也是每年国庆游行队伍的出发点。

◤ 名胜林立的广场

靠近凯旋门,还有一条全世界闻

埃菲尔铁塔

名的香榭丽舍大街，将戴高乐广场和法国的另一个著名广场——协和广场联系起来，大街全长 2 000 米，是巴黎最著名的大街。

法国重要的节庆时，要在此举行盛大的游行和庆祝活动。大街分成两部分，靠近凯旋门的部分，是喧闹、不夜的繁华商业区。两边布满了巴黎高档商店、酒店、各色餐馆、咖啡馆、剧院、电影院、大银行、大航空公司等。靠近协和广场部分要安静多了，两边是茂盛的林荫大道和花园。

不太长的街道两旁布满了法国和世界各地的大公司、大银行、航空公司、电影院、奢侈品商店和高档饭店。从卢浮宫远望香榭丽舍，可以通过协和广场和凯旋门直望到巴黎郊外拉德芳斯区的新凯旋门。街道两边的19世纪建筑，仿古式街灯，充满新艺术感的书报亭都为这条大道平添一种巴黎特有的浪漫气息。

走在香榭丽舍大道上看着大道中央车水马龙的繁华和大道两旁被浓密法国梧桐树遮盖下的悠闲，体会着巴黎人的生活和浪漫——名店、时装、电影院穿插其中，华丽、优雅、闲适。美丽，俨然成了它的代名词。

人流中有的衣着光鲜，有的整洁素雅，也有青春热烈，也有简单随意，却都没有丝毫的矫情与做作。置身其中，轻松、惬意。

由于香榭丽舍所处的显赫位置，法国许多重要事件都常选在这里举行。比如每年7月14日国庆游行，环法自行车赛终点冲刺等。

法国人还喜欢在每年年末新旧交替之时按响汽车喇叭，集体上演一场声势浩大的汽车喇叭交响乐晚会来迎接新的一年的到来。经过 300 多年的演变，香榭丽舍大道成为法国最具景观效应和人文内涵的大道，法国人毫不谦虚地称之为"世界上最美丽的散步大道"。

迷你知识卡

戴高乐

夏尔·戴高乐（1890 年 11 月 22 日－1970 年 11 月 9 日），法国军事家、政治家，曾在第二次世界大战期间领导自由法国运动并在战后成立法兰西第五共和国并担任第一任总统。他支持发展核武器、制定泛欧洲外交政策、努力减少美国和英国的影响、促使法国退出北约、反对英国加入欧洲共同体、承认中华人民共和国，这一系列思想政策被称为"戴高乐主义"。

22 时报广场（美国）
——世界的十字路口

美国国旗

1. 世界的十字路口
2. 时报广场名称的由来
3. 独树一帜的广告创意
4. 百老汇和时报广场就是纽约
5. 财富与艺术牵手疯狂的三角地

◼ 世界的十字路口

纽约位于美国东北部的大西洋沿岸，是全国最大的工商业城市。整个城市呈棋盘状布局，共分为5个区。曼哈顿为市中心区，著名的金融华尔街、娱乐中心百老汇等均在这个区里。

在纽约第四十二街和第四十七街之间的地区，也就是百老汇和第七大道斜街交错的地方，是著名的时报广场。

纽约时报广场，原名"朗埃克广场"，又称为"世界的十字路口"。在曼哈顿区，时报广场是一个出名的地方。有人曾说过，如果游人到了纽约而没有去过时报广场，那就等于没有看过纽约市，可见时报广场在纽约的地位。

◼ 时报广场名称的由来

时报广场这个名称的由来，是与纽约时报分不开的。1904年，纽约时报报社在百老汇和第四十二、第四十七大道之间的三角地段上，盖起了一座大楼，从此，这个广场即称为时

时报广场的灯光广告

报广场。以前，这里叫朗艾克广场，是一处有名的骡马集市和出售马车的地方。

当纽约时报社从市政府区迁移到这里时，纽约市的第一条地铁开通了，时报广场这里成为地铁的一个重要站点。

后来，新开辟的地铁线路又开通了，这里便成为一个主要的地铁交叉路口。当纽约时报迁到这里之前，在百老汇南面，相隔两个街区的地方，纽约大都会歌剧院已经有了20多年的历史，在新纽约时报大楼的北面，哈默斯坦等人也在那里开着歌剧院。

1920年，这一带的剧院已经有70多家，盛极一时，后来又有许多家电影院、文化出版部门在这里落户。随着文化娱乐事业的繁荣，环境幽雅、设备豪华的旅馆、餐厅也应运而生。

在第四十二街和第七大道之间的那一段，剧院、餐厅、旅馆等鳞次栉比，每到夜晚，五光十色的霓虹灯照得这里如白昼一般。

时报广场这一带的广告是举世闻名的。说起这里的广告，还真有一段戏剧性的历史呢。1891年，有一

洛克菲勒中心前的雕像

个颇为聪明的广告人在第二十三街和百老汇大街的拐角处，竖起了一块巨大的电气化广告招牌，这个人是做布鲁克林的曼哈顿海滩房地产生意的，他做这个广告牌本来是为自己的房地产招徕顾客。没想到因为电气化广告设计新颖，广告大而有气魄，一下子吸引了很多观众。

许多厂商纷纷仿效，一时间这里各式各样的广告牌如雨后春笋般地矗立起来，使百老汇成了"伟大的白色大道"，一直延续到第三十四街，蔚为壮观，以至成了一个新的旅游景点。

独树一帜的广告创意

这里的广告后来成为一门艺术，那还是20世纪30年代的事。有一个名字叫道格拉斯·利的英国人，他认为时报广场一带这些色彩斑斓的广告招牌是个奇特的景观，便在这上面动脑筋想点子。

他先在第四十四到第四十五街之间的地段，替邦德服装店做了一个标新立异的广告杰作：一个足有一个街区宽的人造瀑布立于面前，两侧各立一个几乎与建筑物齐高的裸体雕像。这个气势不凡的广告可以说一鸣惊人，广告不仅仅是宣传媒体，而且跻身于艺术之林，被更多的人所认识，它的传媒与宣传作用更是不言而喻的了。

后来，这个广告被颇具慧眼的百事可乐公司买了去，瀑布依然保留着，但两侧的裸雕不见了，代之以2个高高的百事可乐大饮料瓶矗立在那里。特别在炎炎的夏日，那瀑布上的水流和与楼齐高的2个百事可乐大瓶，使路过这里的人都想饮一杯解渴生津的百事可乐。

道格拉斯·利的另一个广告杰作，是骆驼牌香烟广告牌。这一回，他在百老汇大街的克拉科治旅馆的门脸上做了文章，一幅巨大的骆驼牌香烟广告把门脸上方遮了起来，广告上有一张烟民的脸，脸上的人正冲着下边的人群吐着烟圈儿，一副得意洋洋的样子。

当年，这幅广告是颇具创意的，可以说在烟类广告中还是独树一帜的。烟民广告的对面，是派拉蒙剧院，这座剧院有歌舞剧的演出大厅，也有规模不等的电影院，生意十分兴隆，观众常常要排队购票。

百事可乐瀑布广告的对面，是著名的阿斯特饭店。当年，这一带是非常繁华热闹的娱乐中心。

图说世界著名广场

百老汇和时报广场就是纽约

1904年12月,《纽约时报》选在除夕当天迁入该广场的新大楼,并在午夜施放烟火庆祝,人们第一次在时

时代广场球

代广场上举办了新年狂欢活动:缤纷的烟花照亮了纽约的迎新夜,世上最著名的辞旧迎新狂欢就此诞生,并年年相袭直至现今。

百老汇上的剧院、大量耀眼的霓虹光管广告、以及电视式的宣传版,已经深入成为象征纽约的标志,反映曼哈顿强烈的都市特性。时报广场是市内唯一在规划法令内,要求业主必须悬挂亮眼宣传版的地区。时报广场宣传版的密度,与拉斯维加斯可相比拟。

1992年,时报广场联盟成立,旨在透过团结当地企业的力量,改善该区的营商与卫生环境。时报广场现在已经成为游客热点的集中地,包括美国广播公司节目《早安美国》的直播现场、玩具反斗城和巧克力专门店,中菜"馆"、海鲜专门店与意大利菜等餐厅,以及数间多院电影院。时报广场也吸引了一些大规模的财经、出版、和媒体企业在该区设立总部。驻守在这里的大批警察改善了当地的治安。

获得新生的时报广场无疑更安全更被人接受,然而也有人指该区已经失去原来的光芒,被净化为一个"迪斯尼化"的广场。众多宣传版中,其中一个最著名的是位于时报广场的4座纳斯达克交易所外的纳斯达克标志与股市行情表荧幕。

制作它的荧幕使用了3 700万美元,于2000年1月揭幕启用。荧幕高达36.6米。光是租用这个位置,就花费纳斯达克每年至少200万美

元。在广告市场内这其实已经算是一个优惠的价格,因为广告"出现"的次数远超于其他类型的广告所能达到的。

2002年,即将离任的市长朱利安尼,在1月1日零时过后,监督接任市长彭博的就职宣誓仪式。这是2001至2002年度新年庆典的一部分。当时有50万人见证了这个时刻。因为"9·11事件"的缘故,当时有多达7000名纽约市警察驻守广场,是正常新年时警力的两倍。

2004年4月7日,"时报广场"迎来了它的百年华诞。在百年大庆的开幕式上,纽约亿万富翁市长彭博曾自豪地说"当你同国内或世界上任何人谈起什么是纽约的时候,你可以说百老汇和时报广场就是纽约。"

▪ 财富与艺术牵手疯狂的三角地

无论白天和黑夜,你都可以被那些巨幅的电子广告牌招引,随着平均每天约7万人次的高密度人流,插足摩肩进入这块三角地,感受那疯狂膨胀到无限的缤纷世界。

跻身广场,涌动的是世界不同肤色、不同国家、不同民族的人流;展示的是一个没有舞台的舞台,没有导演但比有导演演出的还要绚丽的世界时装模特秀。这里又同是百老汇剧院集聚的中心地。无数演员都以能在百老汇剧场一展演技为荣。

夹街的高楼,无数巨幅电子广告牌24小时不停息地、以数秒钟的速度变换着艺术精致的广告短片。似乎是华尔街老板们着意借这块三角地在疯狂而又极富艺术的张扬他们的豪富!那半圆柱型的纳斯达克巨幅广告,不停地变幻着黑蓝红的冷热面孔。又似乎在告示着这世界金融中心的股市莫测风云!广告的商业金融气息与高科技艺术手段在这里得到完美的统一。它的功能已经超出了诱人掏出腰包的本意,又已成为艺术精品制作大师在这里频频竞秀、一争高下、不断推陈出新的舞台!

迷你知识卡

百老汇

百老汇是纽约曼哈顿区一条大街的名称,其中段一直是美国商业性戏剧娱乐中心,因而百老汇这一词汇已成为美国戏剧活动的同义语。而今,百老汇大道是美国现代歌舞艺术、美国娱乐业的代名词。

23 库斯科兵器广场（秘鲁）
——世界文化和自然遗产

秘鲁国旗

1. 印加帝国时期举行庆典的场所
2. 别具风姿的历史古城
3. 举行"太阳祭"的萨克萨瓦曼神庙
4. 在太阳神的帮助下建城
5. 首屈一指的旅游城市

■ 印加帝国时期举行庆典的场所

秘鲁地处南美洲大陆西北部，前依太平洋，背靠安第斯山脉。这块美丽富饶的土地是印加文化的发祥地。库斯科是秘鲁的历史名城，它座落在安第斯山南麓的丛山峻岭之中，曾经是昔日印加帝国的首都，著名的印加文化中心。因此，这座名城被誉为"美洲的罗马"、"考古之都"。

库斯科城中心是兵器广场，这里曾是印加帝国时期举行庆典的场所。广场正中耸立着印第安人的全身雕像。几条狭窄的石铺街道呈放射状通向四周，街道两旁仍矗立着许多用土环建造的尖顶茅屋，其中很多石块房基还是印加帝国的遗物。

现在幸存下来的一些宫殿、庙宇

库斯科兵器广场夜色

和房屋，大多是从 90 千米外的山上采集的巨石堆垒而成。石块之间拼接密实，不用任何泥土和黏合物，石缝连一片刀片也难插进。在胜利大街的印加罗加宫墙上，有一块著名的 12 角形巨石，镶嵌之精巧令人称绝。

■ 别具风姿的历史古城

库斯科城中精美的石砌墙垣和

太阳庙遗址等古印加文明的痕迹比比皆是。

库斯科位于海拔 3 410 米的安第斯山高原盆地,秘鲁人称其全景为"安第斯山王冠上的明珠"和"古印加文化的摇篮"。库斯科城已被联合国列为"世界文化和自然遗产"。

距库斯科城 1.5 千米的 300 米高处,有世界的闻名的举行"太阳祭"的萨克萨瓦曼圆形古堡。以古堡为起点。印加人修筑了漫长的古道,全长 2 000～3 000 千米,是秘鲁古代一条主要交通干线。从古堡东行可至肯科遗迹。据考证,这里是古墓地和宗教祭祀中心,留有神庙和圆形斗技场的遗迹。场中央有一巨石雕凿的祭台。距城 9 千米处的塔姆博马柴有温泉和瀑布。

库斯科是一座别具风姿的历史古城。狭窄整齐的街道上,印加时期用巨石垒成的石墙、拱门,劫后幸存的宫殿、庙宇和旧时的房屋,随处可见。城中心的兵器广场,曾经是印加帝国时期举行大型庆典活动的场所。

每当庆典之时,印加人就从雄伟的太阳神庙里取出一具具的木乃伊,整齐地摆放在印加国王的身旁,然后开始举行隆重的宗教仪式。

印第安人自古崇拜太阳,他们有谚语说:"别的民族崇拜各种不同的太阳,我们敬奉永恒的太阳。"相传,在古代,太阳神把金犁和种子赐给了他们。他们用金犁开垦了沉睡的大地,播下了种子,长出了五谷。从此,人们每年都举行太阳祭。

库斯科兵器广场

传说太阳庙的礼堂从墙根到屋顶全用金板覆盖。祭台上有一个巨大的金球,是太阳的象征,周围放射出千百支长短不一的金条,表示太阳的光芒。它的四边还有用各种珍贵宝石嵌成的边框。太阳庙的一个花园,被称为"黄金园林",园中的草木花鸟都是金银制成。其中有金柱、金兽、银树、银花,银制的玉米枝叶成片,而玉米棒子则是金制的,由此可见当年库斯科这个地方是何等的辉煌壮丽。

举行宗教活动时,库斯科兵器广场是一个庄严、肃穆的地方。但是这个兵器广场又历尽沧桑,受尽磨难,记录下了秘鲁人民用血汗写成的历史:殖民时期,这个广场曾经是西班牙殖民统治者镇压印加起义者的地方;独立战争时期,这个广场又是殖民主义者屠杀爱国志士的刑场。

库斯科的兵器广场是印加人民苦难历史的见证。如今,广场的四周,在当年印加建筑的残垣断壁、残留的废墟上重新修建起来的殖民时期的连拱廊、教堂和其他一些建筑,都足以证明印加历史文化的凝重。后来,这些建筑物大部分因地震而遭受毁坏,现在广场上的建筑都是以后重新修建的。

1983年根据文化遗产遴选标准被列入《世界遗产目录》成为《世界遗产城市联盟》成员。世界遗产委员会

库斯科兵器广场全景

评价：库斯科古城位于秘鲁的安第斯山脉，在印加统治者帕查库蒂之下发展成为一个复杂的城市的中心，具有独特的宗教和行政的职能。

古城的四周是清晰可见的农业、手工业和工业区。当16世纪西班牙人占领这块土地时，入侵者保留了原有的建筑，但同时又在这衰落的印第安城内建造了巴洛克风格的教堂和宫殿。

库斯科大教堂

◤ 举行"太阳祭"的萨克萨瓦曼神庙

广场北侧的库斯科大教堂始建于1560年，前后花费了100年才建成。这座教堂融会了文艺复兴风格和巴洛克风格。其顶端的福音钟楼上悬挂一口重达1.3万千克的巨钟。

教堂内有高大的镀银祭坛，雕刻精美的布道坛。广场东侧的拉孔帕尼亚教堂建成于1668年，是全城最漂亮的教堂。

教堂富丽堂皇，墙壁饰有绚丽多彩的绘画，还有精雕细刻的祭坛。在殖民时期的建筑中还有著名的河尔米兰特宫、主教宫和圣博尔哈宫。

库斯科城中心广场正中耸立着一位印第安人的全身雕像，四周有西班牙式的拱廊和四座天主教堂。几条狭窄的石铺街道呈放射状通向四周，街道两旁仍矗立着用土坯建造的尖顶茅屋，其中许多石头房基还是古印加帝国的遗物。

广场东北，有5间大厅的太阳庙建于高耸的金字塔顶。还有月亮神庙和星神庙。广场东南，有对峙的太阳女神大厦和蛇神殿的墙壁遗迹。广场西南方，有一较小的欢庆广场，印加人昔称为"库西帕塔"，是欢庆帝国军队凯旋归来的场所。两个广场附近有考古博物馆。展出印加帝国时期遗留的陶器、纺织品、金银器皿

广场上的喷泉

破坏；但城内有些印加帝国时代街道、宫殿、庙宇和房屋建筑，仍留存至今，后西班牙殖民者又修建了大批屋舍，两种建筑风格融合，被誉为西班牙——印加的独特建筑方式。

首屈一指的旅游城市

库斯科的旅游资源丰富。旅游业的兴盛带动了库斯科经济的发展，使这一历史古城重现了当年的繁华景象，成为了秘鲁首屈一指的旅游城市。在库斯科城内，旅行社、旅馆、饭店、工艺品商店随处可见，可以满足游客在吃、住、行、玩、购物等方面的不同要求。而绝大多数当地居民也都在从事与旅游相关的工作，素质较高。

和雕刻碎片等。

在太阳神的帮助下建城

库斯科城是灿烂的古印加文化的摇篮。传说远古时代，古代印第安人民在这里披荆斩棘，缔造家园，感动了太阳神，赠给他们一柄金斧。

公元1200年前后，国王曼科·卡帕克遵循他父亲太阳神的指示，从的的喀喀湖迁都这里，建成雄伟华丽的库斯科城，并以这里为中心，建立了庞大的印加帝国（印加意为"太阳的子孙"），创造了印加文化，成为南美大陆印第安文明的最高峰。

1533年西班牙殖民者入侵，将财宝文物洗劫一空，后又经几次地震和200多年的拉锯战，城市受到很大

迷你知识卡

栈道

原指沿悬崖峭壁修建的一种道路。又称阁道、复道。中国古代高楼间架空的通道也称栈道。

24 斯坦尼斯瓦夫广场（法国）
——世界上最精致的城市广场

法国国旗

1. 一个宏伟的广场
2. 金碧辉煌的广场建筑群
3. 二次登位，二次被推翻
4. 重现古代压花模具的光彩
5. 被列入《世界遗产名录》

▣ 一个宏伟的广场

在法国东部洛林省的南锡市，有一个闻名于世的被称为世界上最精致的城市广场——斯坦尼斯瓦夫广场。著名作家维克多·雨果曾说过："斯坦尼斯瓦夫广场是我所见过的最美丽、最令人愉快、最完美的广场，一个宏伟的广场。"

▣ 金碧辉煌的广场建筑群

和谐对称的广场建筑群是由建筑大师埃马纽埃尔·埃雷设计的，市政厅是带有古希腊科林斯式圆柱的大厦，带有6个古典式的楼阁，一座巴洛克式的凯旋门以及喷泉。

水池中的雕塑是罗马神话中的手持三叉戟的海神尼普顿和为他的海仙女祝福的安菲特里。而这里最引人注目、最为出名的是美丽的花边状镀金铁制工艺品的装饰物。

这些装饰物是由波兰王室铁匠让·拉穆尔倾注了毕生的心血精心制作的，从喷泉到2万千克重的大门到平台和天窗灯笼式的屋檐，那些精湛的工艺装饰使整个建筑异彩纷呈，金碧辉煌。也使它成为法国的骄傲，使它闻名于世。

广场上的特色雕塑喷泉

斯坦尼斯瓦夫塑像

二次登位,二次被推翻

广场是以斯坦尼斯瓦夫一世的名字来命名的。原名坦尼斯瓦夫·莱什琴斯基,在瑞典成功入侵波兰后的翌年,斯坦尼斯瓦夫被瑞典国王查理十二相中,去接替敌视瑞典人的奥古斯特二世。

莱什琴斯基当时是一个无可指责的先行者,重视人才和血统优秀的年轻人,但肯定没有足够的力量,或维持自己如此不稳定的王位和政治影响力。

然而,在贿赂和一个军事集团的援助下,瑞典于 1704 年 7 月 12 日成功地促成了它的首创的,由 6 个城堡领主和 20 多个男子构成的君主选举大会。几个月后,斯坦尼斯瓦夫被迫在被奥古斯特突袭后向瑞典营地寻求避难,最终于 1705 年 9 月 24 日,他在非常辉煌的气氛中,加冕为波兰国王。

新国王的第一道命令是以波兰立陶宛联邦的名义和卡尔十二世结盟,来协助瑞典反对俄罗斯彼得大帝。斯坦尼斯瓦夫以此帮助他的靠山。

因此,他诱导哥萨克酋长伊凡·马泽帕,去在战争大多数关键时期放弃彼得,斯坦尼斯瓦夫在瑞典人被处置时设立了一个小兵团。但是斯坦尼斯瓦夫的存在完全取决于卡尔的武装在波尔塔瓦会战(1709 年)上的胜利。波尔塔瓦会战失利后,斯坦尼斯瓦夫的权力像一场梦一样消失了。他逃亡到东普鲁士。

绝大多数波兰人赶忙推翻斯坦尼斯瓦夫,并在奥古斯特二世统治时平静地生活。从此只领取卡尔十二世的养老金度日的斯坦尼斯瓦夫和克拉索的兵团撤退到瑞典波美拉尼亚。在奥古斯特二世重登王位时,斯坦尼斯瓦夫退掉了波兰王位标志(虽然保留了皇家头衔)以交换小得可怜的茨魏布吕肯公国。

在1716年,有人企图暗杀萨克森官员拉克鲁瓦,但斯坦尼斯瓦夫被未来的波兰国王的父亲斯坦尼斯瓦夫·波尼亚托夫斯基相救。莱什琴斯基当时居住在阿尔萨斯维森堡,1725年曾满意地看到他的女儿玛丽·莱辛斯卡成为了路易十五的妻子和法国王后。1725年到1733年间,斯坦尼斯瓦夫住在香波城堡。

1733年,由于他的女婿路易十五支持他在奥古斯特二世去世后继承王位,这导致了波兰王位继承战争。在1733年9月,斯坦尼斯瓦夫抵达华沙,在穿越中欧一天一夜时,斯坦尼斯瓦夫伪装为车夫。翌日,虽然有很多抗议,但是斯坦尼斯瓦夫依然第二次举行加冕为波兰国王。但是,俄罗斯反对瑞典于法国选出的任何候选人。俄罗斯当即抗议其当选,候选新的萨克森选帝侯——奥古斯特三世,这也是俄罗斯的盟友奥地利的候选人。

在1734年6月30日,由彼得·彼得罗维奇·拉西指挥的2万人俄罗斯军队,之后在华沙宣布奥古斯特三世为波兰国王,接着在但泽围攻斯坦尼斯瓦夫,斯坦尼斯瓦夫和他的党羽(包括大主教,法国和瑞典的外交使节)在但泽已经根深蒂固,并在那里等待法国已经答应的救援。

攻城开始于1734年10月。在1735年3月17日,布尔哈尔德·克里斯托夫·米尼赫元帅接替了彼得·彼得罗维奇·拉西,并于5月20日,期

斯坦尼斯瓦夫广场

图说世界著名广场

整洁安静的广场

待已久的法国船队抵达，并有 2 400 个援兵从维斯特普雷特登陆。一周后，这个小的可怜的军队勇敢地尝试进攻俄罗斯，但最终不得不投降。这是第一次法国和俄罗斯作为敌人在战场上见面。在 6 月 30 日被 8 000 人的俄罗斯军队围困 135 天后，无条件投降。

在两天前，斯坦尼斯瓦夫已伪装为农民逃了出来。

他在哥尼斯堡重新出现在公众场合，在那里，他向自己的党羽发表了以他的名义建立联合会的宣言，并寄信给波兰特使到巴黎去敦促法国带至少 4 万人入侵萨克森。

在乌克兰也一样，伯爵尼古拉·波托茨基反复呼吁以行动支持斯坦尼斯瓦夫，并凑齐 5 万多人，而这些人也最终被俄罗斯打败。

在 1736 年 1 月 26 日，斯坦尼斯瓦夫再一次退位，但得到洛林大公国作为养老地。在 1738 年，他将里德基纳和莱什诺的遗产卖给了伯爵（后来的王子）亚历山大·约瑟夫·索科夫斯基。他到吕内维尔定居，在那里成立斯坦尼斯瓦夫学会，用他的晚年为科学和慈善献身，当时学会最有名、具有争议的是卢梭。

重现古代压花模具的光彩

这座广场上的建筑群在法国大革命时期和以后曾几次遭到破坏。到本世纪 70 年代，更是满目疮痍，门倒墙塌，麻雀在腐蚀了的王室纹章里筑巢，昔日用大鹅卵石铺成的广场成了停车场，往日的辉煌消失殆尽。

经过各方面的呼吁，在法国南锡市和法国历史纪念馆办公室的努力下，筹集了 300 万美元，经过 8 年时间的修复，才使斯坦尼斯瓦夫广场获得了新生。为了重现当年拉穆尔大师工艺饰品中的古代压花模具的光彩，探求这一技术的奥秘，铁匠热拉尔·德弗朗斯花了整个 5 年时间研究拉穆尔所写的回忆和图纸。又和12名金属工一起，用1万千克生铁浇铸、制成大约2万片花叶饰片、花环和嵌有宝石的旭日形饰针和爱神丘比特等等，饰物上的每一片叶、每一个小装饰都是一个精美绝伦的工艺品。

这些闪亮镀金铁器倾注了金属工匠们的全部心血和汗水，是他们智慧与辛劳的结晶。当工程完成之时，就有人说这些金属工匠连胡须上都沾上了23K金的闪光。

修复这座广场的人自豪地说：要论镀金的铁器，世界上没有东西能像斯坦尼斯瓦夫广场那样光辉灿烂的。确实，人们形容斯坦尼斯瓦夫广场时常说它"像布鲁塞尔广场一样宏伟，像威尼斯的圣马可广场一样绚丽，像巴黎的协和广场那样富有魅力。"

被列入《世界遗产名录》

1983年，根据文化遗产遴选标准，南锡的斯坦尼斯瓦夫广场、卡里尔广场和阿莱昂斯广场被列入《世界遗产名录》。

迷你知识卡

盟友

盟员之间的关系，或是相互称谓，可以是人与人之间，也可以是组织之间，例如中国军人联盟中就是人与人之间的称谓。

广场夜色

25 佛纳广场（摩洛哥）
——摩洛哥南部明珠

摩洛哥国旗

1. 7 000 圈的城
2. 像一块内地的磁石
3. "卖水人"和大铜壶的来历
4. 内含阿拉伯传统文化的特色表演
5. 独具阿拉伯民族风情

■ 7 000 圈的城

在非洲摩洛哥南部有一座始建于 1062 年的古城马拉喀什，因为满城都是红色的房子，所以又叫红城。这座城是在原来的古城基础上不断扩建的，一个城门接着一个城门，城墙也是一圈套一圈的套了无数圈，因此人们称这些互相连着的城为"7 000 圈的城"。能够容纳下好几万人的著名的佛纳广场就在马拉喀什旧城之中，这里是马拉喀什人活动的中心，也是最吸引世界游人的地方。

佛纳广场比马拉喀什城还要古老，历史上这里就是一个商贾云集的地方。大约在公元八、九世纪，从摩洛哥北部地区和西班牙来的商队前

整洁安静的广场

往撒哈拉南部国家经商时，都要经过这里并在这里歇脚，互相之间就便做些生意方面的交易，然后继续赶路。

时间久了，随着南北商队的增多，这里便自然而然地形成了一个为往来商人生活、贸易和娱乐服务的场所，并且一直沿袭到了现在。

在这座古城之中，街道上的毛

驴、骆驼、古老的马车和现代的汽车、摩托车掺杂行驶；蒙着面纱的妇女、穿长袍的老人和着现代时髦服饰的年轻人走在一起；高大的棕榈树、色彩斑斓的小货摊。置身于独具阿拉伯风情的世界之中，不能不令人产生一种思古之幽情。

像一块内地的磁石

马拉喀什像一块内地的磁石，吸引着来自南方的庞大驼队，对于他们而言，这片绿洲是他们所见过的最美的城市。如今的马拉喀什散发着它独特的魅力，使难以数计的游客对它趋之若鹜，纷纷探究这里中世纪的传奇和神秘。

炎热、尘土、泥砖堡垒使马拉喀什成为独一无二的非洲摩洛哥城市。

在11世纪阿尔穆拉比特王朝出现之前，这一地区的统治者来自阿格马特城，阿尔穆拉比特王朝的领导者阿布·巴克尔·伊本·乌马尔认为阿格马特正在变的过于拥挤，因此选择建立一个新的都城，他决定将新的都城建在坦西夫特河附近的平原上，并选择了马拉喀什所在的地方，因为这里正好处在两个竞争兴建新都城的部落的领土的中间地带。

工程于公元1070年5月开工，但公元1071年1月由于一场暴乱使得阿布巴克尔去到撒哈拉地区平乱，而城市最终由他的副手也是最终他的继任者尤素福·伊本·塔什芬建成。

在穆瓦希德王朝的第三任苏丹雅库布·阿勒·曼苏尔的统治下马拉喀什经历了最辉煌的时期，在这位苏丹统治期间，一些诗人和学者进入了这座城市，他同时开始建造库图比亚清真寺和一个新的居民区。

热闹的佛纳广场

在伊斯梅尔·伊本·谢里夫统治之前，马拉喀什是摩洛哥的首都，在他开始统治后，他的孙子将都城从梅克内斯迁回马拉喀什。

几个世纪以来，马拉喀什一直以它的七圣徒而闻名于世，在伊斯梅尔·伊本·谢里夫统治时期伊斯兰教苏非派广泛流行时，苏非派作家阿布·阿里·哈桑·尤西根据苏丹的要求创立了七圣徒的节日。

几个著名的人物的陵墓迁移到马拉喀什后以吸引从同样的索维拉前来的朝圣者们，那时他们也带来了自己的习俗和节日。

"七圣徒"现在已经成为了一个稳定设立的机构，吸引着来自各地的游客。七圣徒包括阿布·阿巴斯·萨布蒂（马拉喀什的守护神）、穆罕默德·贾祖利（柏柏尔血统的摩洛哥苏非派领导人）、苏海利（伊斯兰教语言学家和法学家）、卡迪·阿亚德、阿布德尔阿齐兹·特巴（马拉喀什第一个苏非兄弟会的建立者）和阿布达拉·加兹瓦尼（特巴的继任者）。

马拉喀什在20世纪上半叶由塔米·格拉维（从1912—1956年担任马拉喀什帕夏的柏柏尔人）统治，他的绰号叫作"阿特拉斯领主"。马拉喀什城市诗人穆罕默德·本·布拉希姆最喜欢的地方是马斯拉夫咖啡馆，他同时也是塔米·格拉维的反对者，他的许多诗集和歌曲至今仍然被许多马拉喀什居民所朗颂传唱。

"卖水人"和大铜壶的来历

广场上有两个特别引人注目的人，那就是两位身穿摩洛哥古代服

马拉喀什建筑

装、身背大铜壶的"卖水人"。这两个"卖水人"和大铜壶可是有来历的。据说,在中世纪的时候,摩洛哥这地方经常大旱,灾荒不断。有一年,干旱特别严重,旱得河水断流泉水断源,土地干得龟裂开许多大口子。

庄稼全枯黄,人和牲畜也是病的病,死的死,好不凄凉。就在人们奄奄一息的时候,忽然出现了一位身背大铜壶的老人,他从铜壶里倒出甘甜的清泉水,倒啊倒,倒了一壶又一壶,走啊走,走了一处又一处,他走到哪里,就把甘泉洒在哪里。

他救活了挣扎在死亡线上的人、牲畜和庄稼。被救活了的人和他们的后代永远铭记着这位老人,他一直活在人们的心中。因此,这位"卖水"老人也一直延续到如今。只不过现如今"卖水"老人铜壶中装的已不是泉水,而是供游人喝的清凉解渴的饮料。

◤ 内含阿拉伯传统文化的特色表演

这个广场的中心地区,是民间艺人表演的地方。说书的、跳舞的、玩蛇的、耍猴的、占卜算命的、变戏法演

广场周围的商贩

奏音乐的,五花八门,各展绝技,形成了无数个大大小小的场子。说书艺人是一位身着阿拉伯长袍的老人,他坐在一片色彩斑斓的地毯上,前面摆着一本打开着的厚厚的书,一边抬手动脚的比划着,一边满怀激情、声音洪亮地讲着,他在讲着阿拉伯《古兰经》中伊斯兰英雄的传奇故事。

他往往讲一阵,又坐下来默念一阵《古兰经》。他的周围每天都吸引了大批听众。在喧闹的佛纳广场上,只要老人一说起书来,听众便如醉如痴般地静默下来,专心听那遥远而又激动人心的故事。

在民间艺人的表演场上,则又是一幅险象环生、新奇又刺激人的景象。

耍猴人往往是一个人带领一群

猴子表演各式各样人猴游戏，引得观众开怀大笑。耍蛇人的表演则往往让人紧张得喘不过气来。你看，一条毒蛇正在耍蛇人的脖子和身上盘来绕去，有时还要与耍蛇人同眠共舞；更惊人的是有时候再加上一只翘着毒尾的大蝎子同时爬在耍蛇人的头顶上，令人望而生畏。

毛驴抽烟则是广场表演的一绝。只见那毛驴仰卧于地上，驴嘴里叼着一个大烟斗，二郎腿一跷一翘的，煞是逗人喜爱。当表演人给毛驴点上烟之后，它就鼻子一掀一掀地抽起烟来，接着从鼻孔里冒出一圈一圈的白烟来，那副滑稽的样子，令观众忍俊不禁地发出笑声和喝彩声。

这些独具阿拉伯民族风情、内含阿拉伯传统文化的表演，每天都吸引了大批观众和旅游者。

独具阿拉伯民族风情

广场周围还有发达的商业、饮食等行业。当地居民摆满各种地摊，最受游客欢迎的是富有摩洛哥风情的手工艺品、手工刺绣的摩洛哥妇女和儿童的服装和鞋帽。

游人逛过地摊，还要逛麦迪纳——即店铺林立的阿拉伯市场。这个市场由上百条狭窄的街道组成，小商店和手工艺品商店鳞次栉比，闻名世界的摩洛哥皮革制品，独具摩洛哥特色的银器和铜器，很受旅游者的青睐。

佛纳广场的游人还会在这里品尝到阿拉伯特色的风味食品。最具代表性的是叫"迈舒伊"的烤羊肉，还有称为"巴斯提拉"的馅饼等美味佳肴。

游人可以坐在广场周围众多的咖啡店里，一边喝咖啡、薄荷茶，一边品尝阿拉伯风味的食品和水果。

每到夏季的夜晚，佛纳广场更是热闹非常，成群结队的人来这里纳凉、游玩，年轻的情侣则成双成对地到这里来谈情说爱，流连于这个具有浓浓的阿拉伯风情的大广场之中。

迷你知识卡

《古兰经》

伊斯兰教唯一的根本经典。它是穆罕默德在23年的传教过程中陆续宣布的"安拉启示"的汇集。"古兰"一词系阿拉伯语 Quran 的音译，意为"宣读"、"诵读"或"读物"，复述真主的话语之意。现存最古老的西元688年的《古兰经》藏于埃及国家图书馆。

26 穆里略广场（玻利维亚）
——世界上海拔最高的广场

玻利维亚国旗

1. 世界海拔最高的首都
2. "坐在金矿上的驴"
3. 玫瑰色大理石雕琢的纪念塔
4. 典雅而又具有现代气息的大教堂
5. 广场上彩灯齐放

■ 世界海拔最高的首都

玻利维亚有两个首都，一是实际首都拉巴斯，二是法定首都为苏克雷。拉巴斯是议会、政府所在地，是全国的政治、经济、文化中心和交通枢纽，又是拉巴斯省首府。

拉巴斯位于玻利维亚高原东部拉巴斯河谷，海拔3 577米，是世界上位置最高的首都。全城以拉巴斯河岸的穆里略广场为中心，依山势向四周山丘建筑，犹如一个巨大的体育场看台。低层处是高级住宅区；中层是行政中心和商业区，有总统府、政府宫、大使馆、高等学府、大小商店；高层是印第安人住宅区，多简陋低矮的住房。

苏雷克创建于公元1538年，位

穆里略广场

穆里略广场休闲的人们

于安第斯山脉的东部，整个苏克雷城横贯于一个宽度为2 800米的山谷中，并且位于海平线上。它被两座山峰所包容，一个是斯开斯卡山，另外一个是群克拉山。苏克雷城距离矿城波多斯175千米。

苏雷克是群萨卡州的首府，历史上作为贸易文化与政治中心，自1900年由拉巴斯建立政权，实施资本主义立宪制。

穆里略广场位于玻利维亚拉巴斯市的中心。广场的中央耸立着南美争取民族独立的先驱者佩德罗·多明戈·穆里略的铜像。广场附近有政府机构和国会大厦。

白色的总统府是三层小楼，建筑新颖别致。另外还有古色古香的大教堂。广场的四周为老城区，方方正正的街区，道路狭窄，房屋低矮。

广场向西不远便是圣克鲁斯元帅大道，路面宽阔，其长度从城西北向东南，成对角线贯穿全城，它是闻名全国的主要街道。大道路的两头分别耸立着美洲伟大的解放者、玻利维亚第一任总统玻利瓦尔的纪念像和路东头的玻利维亚解放者之一苏克雷将军的纪念像。

"坐在金矿上的驴"

多民族的玻利维亚国是南美洲的一个内陆国家，为南美洲国家联盟的成员国。邻国有巴西、秘鲁、智利、阿根廷、巴拉圭五国，法定首都为苏克雷，但实际上的政府所在地为拉巴斯。

玻利维亚目前是南美洲最贫穷落后的国家，因于政府的高度腐败和殖民统治以后外国在该国强大的延展性势力所致。玻利维亚拥有丰富的自然资源，因此被称为"坐在金矿上的驴"。除了著名的矿藏，还有为世人所熟知的是在西班牙人入侵后灭亡的印加帝国的遗址。此外，该国还拥有仅次于委内瑞拉的南美洲第二大天然气田。

玻利维亚国是世界著名的矿产品出口国,工业不发达,农牧产品可满足国内大部分需求,为南美最贫穷的国家之一。1985年以来,该国历届政府推行新自由主义经济政策,稳定宏观经济,调整经济结构,减少国家干预并通过立法对主要国营企业实行资本化(即私有化)。经济改革取得一定成效,国民经济保持一定增长,通货膨胀得到遏制。

主要有食品加工、酿酒、卷烟、纺织等轻工业。矿业是玻利维亚国民经济的重要组成部分。为矿产品出口国,矿产资源丰富,有锡、锑、钨、银、锌、铅、铜、镍、铁等。已探明石油储量为1.88亿桶,天然气1.13万亿立方米。森林面积5 600万公顷。古柯种植在玻利维亚国民经济中占有较重要的地位。

农牧产品可满足国内大部分需求。主要粮食作物为玉米、水稻、小麦、马铃薯和大豆,黍麦做为后起之秀产量逐渐增大。主要铁路和公路网集中在西部,边远地区依靠航空沟通。1991年公路全长41 700千米。铁路全长3 656千米。空运有玻利维亚劳埃德航空公司等3家该国航空公司。可通航的河流为1.98万多千米。由于交通不便,通讯困难,基础设施缺乏,旅游业较为落后。

国旗呈长方形,长与宽之比为3∶2。自上而下由红、黄、绿三个平行相等的横长方形构成,黄色部分中央有国徽图案。原来的含义为:红色象征为国献身,黄色代表未来和希望,绿色象征神圣的国土。现在这三色分别代表该国的主要资源:红色代表动物,黄色代表矿产,绿色代表植物。一般场合用不带国徽的国旗。

国徽中间为椭圆形,圆面上有太阳、山峰、面包树、驼羊、谷物等图案。圆周下半部有9颗五角星,代表组成玻利维亚的9个省;上半部用西班牙文写着"玻利维亚"。

椭圆形两侧各悬挂三面国旗;背后交叉着束棒和武器,象征权威;左边的束棒顶端有一顶"自由之帽"。

广场上浓郁的节日气氛

椭圆形上端是一只被称为神鹰的大兀鹰，象征力量和自由。鹰两旁饰有月桂枝和橄榄枝，代表该国人民对民族自由的自豪感和与其他国家人民和睦相处的愿望。

玫瑰色大理石雕琢的纪念塔

穆里略广场正中有一座高达20米的纪念塔，纪念塔的底座和支柱是用玫瑰色大理石雕琢而成的，颜色亮丽而醒目。底座的四面分别刻着"团结、和平、光荣、正义"八个金光闪闪的大字。

塔身的画面上画的是玻利维亚人民为反对西班牙殖民统治者而进行英勇斗争的壮烈场面，塔顶是玻利维亚民族英雄佩德罗·多明戈·穆里略的铜像。1809年7月16日，拉巴斯人民在穆里略的率领下，举行了声势浩大的起义，终于赶走了西班牙殖民统治者，建立了革命武装。不久以后，西班牙保皇军又卷土重来，残酷地镇压了起义军。

拉巴斯人民深切怀念为祖国的独立自由而献身的烈士们，就以民族英雄穆里略的名字来为市中心的广场命名，让子孙后代永远记住英雄的名字。

穆里略广场一角

典雅而又具有现代气息的大教堂

广场的南侧有一座典雅而又具有现代气息的大教堂。教堂旁是总统府，这座灰白色的三层小楼，墙上装饰着古色古香的图案，是一座具有意大利文艺复兴时期风格的建筑。

总统府门前，站立着4个头戴饰盔、上身着蓝色上衣、下穿红色长裤的卫兵。卫兵的古代服装，华丽又庄重，使人一下子想到了从前那个遥远的年代。玻利维亚人常把这座总统府称为"焚宫"，因为它历尽了磨难，在短短的100多年的时间里，曾遭受到两次大火的洗劫。

玻利维亚人民在大火之后又依照原样把总统府修复，以示人们不要忘记总统府辉煌的历史。广场东侧是议会大厦，这也是一座西班牙殖民时期的古老建筑。

多年来风雨的侵蚀，大厦的廊柱已经裂开了一条条细缝，仿佛在向人们诉说自己经历了漫长岁月的感慨。

以穆里略广场为中心并且由此向四面散开的街区是拉巴斯的老区。老区里一条条纵横交错的街道，四四方方，井然有序，像围棋棋盘一般。

广场旁边是有名的商业街，这里店铺鳞次栉比，商品琳琅满目，有闪光的各式各样的银饰品，有编织精美的地毯、工艺品，仿佛是一条展示印第安人精湛工艺品的艺术长廊。商业街里有一座醒目的古老教堂，在这条街上显得十分壮观。它是由西班牙国王查理五世派的12名修道士于1562年建成的。

广场上彩灯齐放

夜晚，穆里略广场上彩灯齐放，把广场上和它周围的古老建筑照射得更加宏伟、壮观，也吸引了更多的游人来此参观。但这座广场上的路灯安装的年代并不久远，1946年比利亚罗埃总统在这里被刺杀以后，为了安全，才在穆里略广场上安装上了路灯。

迷你知识卡

商业街

商业街是人流聚集的一个主要场所。采用东西方向排列，以入口为中轴对称布局，建筑立面采用了塔楼、骑楼、雨罩的元素使空间产生新的划分，室内空间既设置了集中商业，又有零散店铺，是西方现代购物中心与中国传统商铺的有机组合。

27 康诺特广场（印度）
——富人的购物天堂

印度国旗

1. 新德里最洋气的购物中心
2. 名字来源于英国公爵
3. 功能齐全的"大圆盘"
4. 商铺林立的便捷中心
5. 印度教和穆斯林为吃牛肉大动干戈

◼ 新德里最洋气的购物中心

康诺特广场是新德里的中心点，是商业、旅游与交通中心。它是一个圆形大广场，各式商店、旅游局、航空公司及各邦政府经营的物产经销处都设在这里。

广场中央有个小公园，供疲倦的行人休憩。广场西南的国会街上，银行、广播电台及政府机构林立。

中央公园下面是一个占地面积相当大的地下商场，由分门别类的专门店组成，同样排列成让你似乎永远走不到尽头的几层圆环。所以，中国人习惯把这些称作"大圆盘"，康诺特是印度人和外国游客购物最为集中的地方。

新德里是印度共和国首都，是全国政治、经济和文化中心。恒河支流亚穆纳河从城东缓缓流过，河对岸是广阔的恒河平原。主要语言为英语、印地语、乌尔都语和旁遮普语。

新德里也是重要的交通枢纽。它作为印度的心脏，在这里可以感受

康诺特广场一角

到整个国家运行的脉搏。同时，它又是一面镜子，既可以看到印度辉煌的历史，也可反映出印度现代的身影。

老德里、新德里紧紧相联，古老与现代交相辉映，组成了一幅引人入胜的历史画卷。而康诺特广场则是新德里的心脏。

广场是一个拥挤的商业中心

◪ 名字来源于英国公爵

康诺特广场的命名来自一位英国皇室成员。1921年，英国皇室成员康诺特公爵参观印度首都德里，康诺特视察了这个项目，并且对此表现出很大的兴趣。此时，新德里的"首长建筑设计师中心公共工程部门"正好完成了一个令人兴奋的计划案，所以这项目就以康诺特公爵为名，称为康诺特广场。

康诺特广场是为欧洲人和富有的印度人所设立的购物中心。形状像一个巨大的甜甜圈中央花园中心。广场的特征是宽阔有列柱阳台，整个建筑物里外互通，并且有8条马路从广场散发去。

康诺特广场坐落于新德里北边，广场中央为喷泉水池，夏季时有照明设备。喷泉周围林木扶疏，地下建有公共厕所，也是市民日常休憩的公园。

◪ 功能齐全的"大圆盘"

在康诺特广场可以看到印度走向现代化的新面貌。以公园式的圆形广场为中心，有两排现代建筑物排列成圆形而立，特别是公园附近有很多购物中心、高级大饭店、银行、旅行社、航空公司、酒店等。

康诺特广场是新德里最大的商业中心，说它是广场它的规模像广场，说它不像广场，因为它实际上是一个十分别致而又独特的市场。这座市场是一座环形建筑，沿着广场巨大的圆圈的周围，建成了连绵不断的二层大楼房，形成了内向和外向的两层圆圈。

外面的一圈面对着环形的大街，内圈则对着一个直径600米的圆形大花园。花园内成荫的绿树，如茵的草坪，鲜艳夺目的花朵，构成了一幅绝妙的田园美景。人们来到这里，可以在这里野餐、休息和纳凉，或者朋友、亲戚聚会。

康诺特广场街道

市场内外两侧都是装饰得十分漂亮的商店，商店里琳琅满目的各色商品，外国名牌高档消费品，印度传统的工艺美术商品，让人目不暇接，是中外游客购物的天堂。

人们到康诺特广场来，购物、休息、娱乐，可以任意选择，这种随意性很大的购物中心、休闲、娱乐广场，每天都吸引了大批国内外的游人。

入夜以后，广场内外更加热闹，色彩缤纷的霓虹灯广告交织成一幅幅绚丽的大都会夜景，如潮的人流，穿梭于广场内外，如梦如幻的夜景，令游人流连忘返。

商铺林立的便捷中心

康诺特广场内环的建筑物，分别以A-F编成6区，外环则分别以G-N编成6区。广场周遭林立着银行、航空公司、饭店、电影院、观光局、邮局、各省物产经销中心、书店、巴士，以及各式各样的餐厅和商店。

有寄明信片习惯的人，可以随便找一家邮局寄出当地特色的明信片给远方的朋友，为他们带去一份来自异国的惊喜和感动。

康诺特广场附近的餐厅，包括有印度式、中国式和日本料理餐厅。假如到了印度吃不惯当地食品，中国餐厅完全可以满足游客的需要。而且印度的调料和香料都特别丰富，味道和国内相差无几，绝对能找到家乡的味道。

印度教和穆斯林为吃牛肉大动干戈

在康诺特广场可以品尝到当地

特色美食,印度人做菜喜欢用调料,如咖喱、辣椒、黑胡椒、豆蔻、丁香、生姜、大蒜、茴香、肉桂等,其中用得最普遍、最多的还是咖喱粉。

咖喱粉是用胡椒、姜黄和茴香等20多种香料调制而成的一种香辣调料,呈黄色粉末状。

印度人对咖喱粉可谓情有独钟,几乎每道菜都用,咖喱鸡、咖喱鱼、咖喱土豆、咖喱菜花、咖喱饭、咖喱汤……每个餐馆都飘着咖喱味。

除了咖喱粉,印度市场上还出售各种调料粉,赤、橙黄、绿、棕,五颜六色,看起来鲜艳可口,但一般人不敢轻易尝试,因为研究半天,也不知道他们究竟含有哪些成分。

由于宗教的原因,印度人的饮食习惯也不同。虔诚的印度教徒绝对不吃牛肉,因为他们把牛奉为神牛。穆斯林不吃猪肉,但大啖牛肉。因此,杀牛和吃牛肉常成为印度教徒和穆斯林冲突的导火索。由于印度教徒占人口的多数(82%),牛肉是禁忌,因而,在欧洲市场上价格最贵的牛肉,在印度却是最便宜的,价格之低廉令人咂舌。

羊肉价格最贵,因印度教徒和穆斯林都吃。

虔诚的印度教徒和佛教徒是素食主义者,不沾荤腥。耆那教徒更是

夕阳下的新德里

广场建筑

严格食素,连鸡蛋也不吃,但可以喝牛奶,吃乳酪和黄油。

印度的素食者大约占人口的一半。印度的牛奶价格便宜,质量也很好,男女老幼,都喝牛奶。奶制品如冰淇淋、奶酪、酸奶、蛋糕等,质量也属上乘。一公斤一盒的冰淇淋只要几十个卢比。在这里,只要是你想得到的印度美食,都能找到,在休闲购物之余在广场找一家小店小憩,细致地品味下印度式的生活,才算真正感受到了异国风情。

在新德里买东西经常需要讨价还价。有些人在印度各个购物点,以各种借口引诱游客购物。只要游客表示不感兴趣,其中的大部分人都会离去,但有些人会锲而不舍地跟着你,这时最好的办法是走进一家高档商店,那些人绝对不敢跟进去。

印度的居民一般厕所都有冲洗设备,普通百姓大便时则手拿一口杯水,习俗规定用左手洗屁股,所以到商店挑食品不得用左手。这其实是一个好习惯。其好处首先痔疮的发病率大大减低;其次可以大量节约纸张,对保护地球资源、绿色工程的保护和发展,都极为有利。光这一项,就能节约大量木材。但旅居在印度的侨胞,认为有伤大雅,大都还不习惯,至今保持着自己的民族习惯,仍然用手纸。

所以,在印度的食品店购物,用左手拿食物的,除了左撇子,一般都是外国人。

迷你知识卡

穆斯林

意思是顺服伊斯兰教的神阿拉的人。这是伊斯兰一词的主动分词。一般提到的穆斯林都是泛指伊斯兰教徒。此外,穆斯林也可以指穆斯林世界,指现今的伊斯兰国家或中世纪的阿拉伯帝国。

28 莫迪卡广场和雄牛广场（印度尼西亚）
——纪念国家独立的广场

印度尼西亚国旗

1. 纯金定制世界上独有的"金塔尖"
2. 马来西亚国旗首次升起的地点
3. 不屈不挠的水牛精神
4. "一种水牛斗老虎"的游戏
5. "千岛之国"的金色飞鹰

◥ 纯金定制世界上独有的"金塔尖"

莫迪卡广场位于现代化的新街道"雅加达"。又称独立广场，这个新区的中心是莫迪卡广场。莫迪卡广场最引人注目的，是一座高达137米的大理石石塔。最为珍贵而又奇特的是这座塔的塔尖，原来这座塔顶的火焰部分是用30千克纯金浇铸而成的，它也是世界上独有的"金塔尖"。

这是一座象征着印度尼西亚独立和自由的高塔。除了国宾和政府特别准许的贵宾以外，任何人都是不准登塔参观的。以莫迪卡广场为中心，周围有总统府、国家机关和繁华的商业区。

莫迪卡广场的西侧，是闻名的中央博物馆。博物馆中珍藏着有关印度尼西亚各民族的历史、文化等方面

灯光琉璃的莫迪卡广场

的文物，如石器、青铜器、爪哇猿人的头骨化石以及8世纪时佛教方面的美术作品等等，还有当年中国商人送给爪哇国王的陶器、青铜时代的铜

器、历代钱币等,可见中印两国人民的交往源远流长。

马来西亚国旗首次升起的地点

广场东南角上有一组根据《摩诃婆罗多》史诗中故事情节塑造的群马拉车的雕塑,十分壮观。在纪念碑西侧的公园里有一座音乐喷泉。旁边的圣玛利天主教堂,则是已逾百年的哥特式建筑。

是马来西亚历史上一个重要时刻。广场前身是球场。板球、曲棍球、网球和橄榄球等多类球赛都曾在此举行,后将对面雪兰莪俱乐部的场地重新铺过草地,改成宏伟的广场,纪念国家独立。

广场上国旗迎风飘扬,草地上有一个扁圆形的黑色云石牌匾,标示1957年8月30日午夜英国国旗降下,马来西亚国旗首次升起的地点。

二次大战期间,马来亚、沙捞越、沙巴被日本占领。1957年8月31日,联盟主席东姑阿都拉曼宣布马来亚独立。1963年,马来亚联同新加坡、沙巴及沙捞越组成了马来西亚联邦,1965年,马来西亚国会以126票赞成0票反对,迫使新加坡退出马来西亚联邦。

印尼国徽图案

不屈不挠的水牛精神

雅加达是一个古老的海港,紧偎着爪哇岛西部的北海岸。过去,这座城市还不叫雅加达,而是被称为"加拉巴",意思是"椰子密林的世界"。说起"加拉巴"这个名称的来历,就得归功于我们祖先的创造了。

早在14世纪,这里就以出产胡椒,香料出名。我们的祖先也因此辗转迁徙到此,寻求生息之道。华人刚

走一小段路可达纪念图书馆,建于1909年。在独立广场下面的太子广场,是饮食、休闲、娱乐中心。这里是每年庆祝国庆的地点。国家独立

象征印尼独立和自由的"金塔尖"

到这里,不知道这是什么地方,作手势问当地的居民,当地人见他们指着椰果,就回答说"加拉巴",华人便以加拉巴为这里的地名。

从叫加拉巴到叫雅加达,这中间浸透了无数辛酸和屈辱。1527年,加拉巴被淡目国占领,改名为查雅加尔达,意思是"光荣的堡垒"、"胜利的城市",分明是侵略者对自己胜利的炫耀。1596年后,荷兰殖民者采取各个击破的策略,蚕食了印度尼西亚,雅加达被换上了荷兰的别名:"巴达维亚",意思是荷兰的民族,这里也就成了殖民者剥削、奴役印度尼西亚人民的大本营。然而英勇,倔强的印度尼西亚人民又何曾屈服过,在今天的雅加达市区,有一座十分著名的广场——雄牛广场,这就是印尼人民不屈不挠,勇猛顽强抗击侵略者的真实写照。

"一种水牛斗老虎"的游戏

在印尼,有一种野生水牛,个头不大,外表并不凶猛,但这种牛非常强悍有力,特别是雄牛,一旦与敌人搏斗的时候,浑身毛发直竖,眼里闪电,显出一往无前、血战到底的气概。与老虎拼斗时,能用两只尖角一举将老虎戳死。

印尼人民为自己找到了一个最好的榜样,他们把自己比做水牛,把荷兰殖民者比作老虎。那时,在印尼盛行着"一种水牛斗老虎"的游戏,游戏的结局总是水牛获胜,在这种雄牛精神的激励下,印尼人民终于推翻了殖民统治,于 1945 年正式独立,成立了印度尼西亚共和国。第二天,共和国宣布,恢复雅加达的名称,并以雅加达作为首都。

俯视莫迪卡广场

从此,雅加达一洗过去的屈辱愁苦,以健康、清新、美丽的面貌,庄严地矗立在自己的国土上。过上独立自由生活的印尼人民,并未忘记水牛精神对他们的鞭策鼓励,他们在雅加达市区修建了一座气势非凡的广场——雄牛广场,以让水牛精神发扬光大,并永远激励鼓舞自己和后人。

在前 2 世纪后半期,在印尼出现了最早的国家叶调。公元 3—7 世纪,印尼境内分布着很多小王国和部落。7—11 纪,大国室利佛逝与中国使者商旅不绝于途。苏门答腊和爪哇确实存在着印度教化的国家。随着印度和东南亚群岛间海上贸易的发展,婆罗门教和佛教也传到了苏门答腊岛的西岸。

公元 1025 年,印度泰米尔朱罗王国拥有一支强大的海上力量,经常对室利佛逝进行袭击。从此,室利佛逝开始衰落。到 14 世纪末,整个城市几乎被爪哇满者伯夷王国完全摧毁,幸存者迁居马六甲。12 世纪末期,在香料贸易中致富的谏议里王朝崛起。

公元 1222 年,冒险家(海盗)庚安禄篡夺了谏议里王位,把首都迁到了新柯沙里。谏议里王朝的最后一位统治者采取扩张政策,拒绝了元朝忽必烈派来的索贡代表团。他于公元 1292 年被叛臣杀害。

第二年蒙古舰队登陆,但没能征服它。继任者在蒙古军队撤离后又建立了满者伯夷王朝。明朝时郑和下西洋经过了印尼,并在马六甲有外交活动。

到了 16 世纪,欧洲人抵达现印尼,发现了这些小国。一些欧洲强国开始建立殖民地,荷兰变成了这些欧洲国家里面占领最多领土的国家。荷兰最初通过荷兰东印度公司对这些地区实行殖民统治。1799年东印度公司解散后殖民地被荷兰政府接管,史称荷属东印度。第一次世界大战完结之后,当地人开始争取自治。

到了第二次世界大战,日本帝国主义占领了荷属印度尼西亚。

1944年日本允诺印度尼西亚独立。1945年6月苏加诺发表了《建国五项原则声明》日本投降的消息传到印尼之后,苏加诺立即在之后一日发表印尼独立宣言。之后在短短五日间,印尼全国都宣告脱离荷兰东印度公司的管治。

1947年7月,荷兰向印度尼西亚共和国发动了"警察行动"的大规模军事进攻。8月联合国安理会下令停火。荷兰又于1948年12月发动了第二次"警察行动",并逮捕了苏加诺。当联合国再次讨论这个问题后,荷兰承认印度尼西亚独立。最终东印度公司在1949年宣布放弃对印尼的管治权,使印尼得以正式独立,苏加诺被任为印尼第一任总统。

"千岛之国"的金色飞鹰

印度尼西亚位于亚洲大陆东南,地跨赤道,是世界上最大的群岛国,素有"千岛之国"的称号。首都雅加达位于爪哇西北岸,在芝里翁河口,濒临雅加达湾,面积577平方千米,是东南亚最大的城市。

国徽图案为一只金色飞鹰,飞鹰象征创造力。鹰尾和鹰翼分别由8根和17根羽毛,象征印尼的独立日(8月17日)。飞鹰胸前的盾面的黑道象征赤道,水牛头象征主权属于人民,榕树象征民族意识,棉桃与稻穗象征丰衣足食及社会必须公正之原则,饰物象征人道主义。

黑色小盾和五角星象征宗教信仰,也象征"潘查希拉"——印尼建国的五项基本原则。绶带上用印尼文写着"异中有同"。

迷你知识卡

苏加诺

苏加诺(1901—1970),致力于民族独立斗争,历任印度尼西亚民族政治联盟主席,印度尼西亚党主席,印度尼西亚共和国总统等职务。一贯主张反帝反殖的不结盟外交政策,促进亚非人民的团结合作。1965年总统权力被军人集团剥夺。1967年3月被撤销总统职权并遭软禁。

图说世界著名广场

29 达姆广场（荷兰）
——阿姆斯特丹的心脏

荷兰国旗

1. 与杜莎夫人蜡像馆为邻
2. 1270年这里还是一个小村落
3. 嬉皮汇集的地方
4. 摩洛哥艺术节
5. 卡尔弗大街将它分成两半

■ 与杜莎夫人蜡像馆为邻

欧洲的每座城市都有自己的广场，且大多与教堂、市政厅或者某个著名的宗教人物，以及重大的历史事件联系在一起，如法兰克福的罗马广场、萨尔斯堡的莫扎特广场、维也纳的英雄广场和玛利亚广场、威尼斯的圣马可广场、罗马的圣彼得广场和威尼斯广场、巴黎的协和广场、比利时的布鲁塞尔大广场等。

位于阿姆斯特丹市中心的达姆广场也不例外。"达姆"在荷兰语中意为水坝，这大概与荷兰的大部分土地处于海平面以下，素有构筑水坝抵御海水的传统有关。大约700～800年以前，达姆广场是一座集贸市场，后来渐渐发展成了阿姆斯特丹市中

达姆广场全貌

心最大的广场。

广场正面坐落着富丽堂皇、具有巴洛克和文艺复兴时期建筑风格的荷兰王宫，是17世纪著名的建筑师范坎本设计的。

王宫左侧是荷兰女王参加重大宗教活动和加冕仪式的新教堂，典型的哥特式风格；广场右侧是杜莎夫人蜡像馆，广场南面矗立着一座为纪念

在两次世界大战中牺牲者而建的战争慰灵碑。

从广场中间横穿而过的是阿姆斯特丹最热闹的卡尔弗大街。大街上树木掩映、车水马龙，其繁华程度一点也不亚于北京的长安街或王府井大街。

1270年这里还是一个小村落

被称为阿姆斯特丹的心脏、肚脐的达姆广场，是阿姆斯特丹历史的发祥地。是荷兰最有名的广场。大约在1270年渔夫们在这里建立起了村落，这就是阿姆斯特丹的雏形。经过多年，大坝广场虽然不再是地理或行政上的中心，却是城内最理想的娱乐中心。

阿姆斯特丹位于艾瑟尔湖西南岸，是荷兰王国的首都，荷兰最大的城市和第二大港口，阿姆斯特丹是一座奇特的城市。全市共有160多条大小水道，由1 000余座桥梁相连。

漫游城中，桥梁交错，河渠纵横。从空中鸟瞰，波光如缎，状似蛛网。市内地势低于海平面1～5米，被称为"北方威尼斯"。由于地少人多，河面上泊有近2万家"船屋"。过去，城市的建筑几乎均以涂了黑柏油的木桩打基，以防沉陷。王宫的地基使用了13 659根木桩。

阿姆斯特丹又是欧洲文化艺术

人潮如织的达姆广场

广场雕像

的名城。全市有 40 家博物馆。国家博物馆收藏有各种艺术品 100 多万件，其中不乏蜚声全球的伦勃朗、哈尔斯和弗美尔等大师的杰作。市立现代艺术博物馆和梵·高美术馆以收藏 17 世纪荷兰艺术品而闻名，梵·高去世前两天完成的《乌鸦的麦田》和《吃马铃薯的农夫》就陈列在这里。

阿姆斯特丹显得古老而极有味道。所有三层和四层的小楼房被蓝色、绿色和红色精心地装饰着，可爱得就像假的一般。这些玩具一般的楼房的门，是那么的狭小，仅能容得一个人走进。古时此地有一条奇怪的法律，门越大交纳的税就越多，无奈的人们只好将门尽量做小，却把窗户做得很大，家具什么的都从窗口吊运进出。所有小楼房的顶部，都有数个伸出来的铁钩子，以固定吊运物品所用的绳索。

在这样的氛围下，阿姆斯特丹的文化在达姆广场辐射开来。

嬉皮汇集的地方

整个 60 年代，达姆广场是全欧洲嬉皮汇集的地方。白天广场上总是聚集着年轻人和来自世界各地的人们，坐在国家纪念碑的石阶上，重寻和追忆时代的意义。

这个城市的名字就来自于"达姆"二字：住在北方临海的某民族就在位于这广场的地方上建起了堤防，拦住了阿姆斯特河，他们想开发新的、富有的土地，借着这个堤防，他们的新愿望终于能达成。阿姆斯特河的沙洲从此不再受海水涨潮的影响而被覆盖在海水下面。

中世纪，这座广场位于面向大海的位置，无数的船只就从这里出海到北方。然而，现在的阿姆斯特河却消失在地下，被当布拉克及洛今街道覆盖着。

广场是作为阿姆斯特丹政府而兴建的，现在为王室迎宾馆。它是建筑史上八大奇迹之一。之前我们提到过王宫的地基使用了13 659根木柱，曾从中取出过一根进行检测，发现建筑毫无下陷的危险。1810年法国统治荷兰时成为拿破仑的行宫，由范朋克负责设计的拱形游廊，宫内大厅设"法座"，四壁是大理石雕刻。特别是宫内的家具，是荷兰第一位国王路易·波拿巴的遗物。

路易·波拿巴是拿破仑一世的二弟，娶约瑟芬的女儿为妻，曾任荷兰的第一任国王，拿破仑接到路易让位的消息后，颁布了一个特别法令，把荷兰并入法兰西帝国，并将其分为若干省份，各派地方长官治理，其子即为后来的拿破仑三世。到荷兰绝对值得一看他们的第一个国王遗物，领略传奇的拿破仑家族的辉煌。

▶ 摩洛哥艺术节

达姆广场上人很多，但一点儿也不显得拥挤和嘈杂。广场上散步的人不绝如缕。

新教堂门口悬挂着一条横幅，人头攒动，正在举办"摩洛哥艺术节"，几辆马车缓慢从教堂那边驶过来，马蹄富有节奏地踏行在碎砖铺就的地面上，马脖上发出的铃铛声，犹如弹奏一首悦耳的钢琴曲。马车夫身穿荷兰的传统服装，目不斜视地昂首端坐在马车上，仿佛一位穿越时空隧道，来自18或19世纪的不速之客。

在欧洲的许多城市，都有类似的观光马车。它们同保存完好的建筑物融合在一起，构成了一幅幅古风犹存的欧洲风情画，但往往价格不菲，坐一次得花100～200欧元，让一般的游客望而却步。

曾经在科隆大教堂和威尼斯广场等地见过的卖艺人，在达姆广场上

纪念碑核心造型是一个锥形水泥柱

图说世界著名广场

广场一角

也随处可见。他们有的装扮成贵妇人或绅士，有的装扮成莎士比亚戏剧或格林童话中的人物。令人印象最深的是一对青年男女，两人衣衫褴褛，头戴面具，胳膊下夹着扫帚，看上去像吉普赛流浪者或扫街人，大概也是出于某个艺术作品或民间传说中的人物吧，其装扮的活泼和诙谐吸引了许多游客，不少人尤其是孩子纷纷上去同他们合影，他们面前装钱币的盘子上也就叮当声不断。

对于这类广场卖艺人，很多人以"乞丐"相称，与那些沿街乞讨者相提并论，但从他们那种矜持敬业和富有教养的做派，我们宁愿称他们为艺人或"行为艺术家"。

卡尔弗大街将它分成两半

将达姆广场分成两半的的大街叫卡尔弗大街，广场南段是著名的战争慰灵碑。碑并不高，全身都是乳白色的，同广场四周古典风格的建筑群相比，凸显出鲜明的现代风格。

碑正面的浮雕由一位美丽的女性和一个孩子、一只鸽子组合而成，上方是一组戴着脚镣手铐的男子的群雕，他们张大嘴巴，脸上浮现出痛苦与渴望自由和平的表情。每年5月4日和5日，是荷兰的全国性节日，荷兰女王都要亲临这里参加荷兰沦陷和解放的纪念活动。

几只灰褐色的鸽子在台阶上栖息着，对身边的游人视而不见，那副怡然自得的神态真让人怦然心动。

乐曲悠扬舒缓，恍若来自遥远的森林，在欧洲的许多地方，包括阿姆斯特丹郊外的运河边都弥漫着一种属于欧洲或者以风车和郁金香著称的荷兰的气息。

迷你知识卡

嬉皮

嬉皮指生活在既定的社会之外的不顺从的青年人。其特点是他们寻找一种非唯物主义的生活方式，偏爱奇异服装和发型，常服用引起幻觉的麻醉剂或大麻。嬉皮一词始见于1960年代。

30 9月9日广场（保加利亚）
——反法西斯纪念日广场

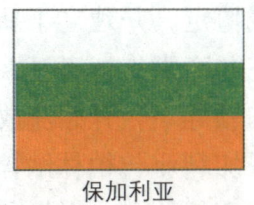

保加利亚

1. 索非亚最大的广场
2. 反法西斯胜利的纪念日
3. 国际共产主义战士季米特洛夫之墓
4. 保加利亚解放初期政府所在地
5. 有着光荣革命传统的学校

■ 索非亚最大的广场

9月9日广场（亦称九·九广场）在保加利亚的中心，是索非亚最大的广场。

这里被称为首都的圣地，因为在反法西斯斗争的岁月里，保加利亚人民曾经在这里与敌人浴血奋战，又在1944年9月9日，迎来了胜利的日子。因此用9月9日这个日子来为广场命名。

保加利亚首都索非亚位于巴尔干山区索非亚盆地的南部。历史上这座名城曾多次更换名称。

索非亚这一城市名称是根据14世纪末城内的一个叫圣·索非亚大教堂的名字而命名的。这座在战争中被破坏又重建的圣·索非亚教堂现在仍然坐落在市中心。索非亚这座城市以绿化闻名于世，绿地面积占全城面积的四分之一，四季气温相差不大，冬天不太冷，夏天不太热。

市区所有街巷、广场、公园、机关、学校、厂矿、企业等，都掩映在一片葱绿丛中，一排排菩提树、阿拉伯橡胶树、法国梧桐树、加拿大白杨树等，整齐地排列在条条马路两旁。市区最大的公园——自由公园，是一座半人工半自然状态的公园，秀丽迷人。

鲜艳的花圃，齐整的草坪，更是

俯瞰索非亚

155

遍及城区每个角落,家家户户门前窗下,房前屋后,都栽种着生机盎然的花草。

全市许多条街道上都设有出售各种鲜花的商店、花摊,居民们普遍喜欢种花、买花和互赠鲜花。漫步市区,几乎处处都能闻到扑鼻的花香,整个城市犹如一朵盛开的鲜花,加上那一幢幢白色或淡黄色的房舍,索非亚显得格外美观幽雅。

反法西斯胜利的纪念日

1944年9月19日,苏联红军在东欧的步步逼进保加利亚。在与苏军短期交战之后,保加利亚断绝了与德国的所有联系,与苏联签订了停战协定,并建立了新政府。新政府在共产党支持者基蒙·乔治夫上校的领导下,开始流放并监禁那些对保加利亚与柏林纳粹政府相勾结负有责任的人。保加利亚是在苏联在其邻国南斯拉夫取得胜利后做出这种改变的。

苏联统帅约瑟夫·斯大林在莫斯科电台高兴地宣布:"保加利亚已经不再是德国势力在巴尔干半岛的

索非亚政府大楼

中心了。"至此，保加利亚真正取得了反法西斯的胜利。

国际共产主义战士季米特洛夫之墓

格奥尔基·季米特洛夫的墓在建在广场上，他是保加利亚共产党领袖。国际共产主义的杰出活动家。在他主持共产国际的8年中，帮助和指导了中国共产党的革命运动，指定了毛泽东为中国共产党的领导人。1949年，他建立巴尔干联邦的思想还没实现，就突然死在苏联。

索非亚大学

季米特洛夫陵墓是一座正方形建筑，建筑式样是仿照列宁的陵墓。陵墓外观呈乳白色，结构和色调极为宏伟、肃穆、严整。陵墓内部有个宏伟的中央大厅，黑色的大理石基座上安放着一口澄澈的水晶棺。

在经过两次爆破之后，季米特洛夫陵墓依然完好无损。随后，季米特洛夫遗体从陵墓中移出，被葬在其父母的墓地。

这座整体用白色大理石砌就的棱角分明的方形建筑，除了四角的四根大方柱以外，每方还各有四根小方柱。面对广场一面的檐下，刻着镀金的"格奥尔基·季米特洛夫"几个字，下边突出部分是观礼台，每逢重大节日，保加利亚领导人就在这里检阅游行队伍。陵墓的雕花木门两侧日夜都有卫兵值勤。

来自世界各地的游人和国内的群众，每逢开放日，都要到这里来瞻仰这位民族英雄和国际共产主义者的遗容。

9月9日广场宁静而肃穆，机动车不能在这里穿过。成群的鸽子落在广场之上，悠闲地觅食，构成一幅祥和的人鸽共处画面。

保加利亚解放初期政府所在地

9月9日广场的北侧，即季米特洛夫陵墓的对面，是一座浅黄色的建筑物,现在是国家美术馆、画廊,旧时这里曾经是土耳其皇宫。保加利亚解放初期这里又是政府所在地,季米特洛夫曾在这里办公。

有着光荣革命传统的学校

广场的东面,是保加利亚最高学府索菲亚大学。这所大学始建于1888年,1964年改名为索菲亚大学。索菲亚大学东南方向的小山坡上建有一座别致的"和平之旗"纪念塔,塔的上下各有一组大小不同的铜钟,游人来到这里牵动一下绳索就会奏出悦耳的音乐。

围绕和平之旗纪念塔,还建有许多高低不一、大小也不同的水泥钟架,每个钟架上都挂着一个由小朋友赠送的形状各异、大小不等的精美铜钟。

索菲亚大学是保加利亚最早的一所高等学校,也是保加利亚最重要的科学文化中心之一。它雄踞在索菲亚城东部的一个风景区,与索菲亚最宽最长的街道——列宁林荫大道近在咫尺;北面是基里尔麦托迪国家图书馆,南面是郁郁葱葱的自由公园,西面隔一座花园连接保加利亚国

索菲亚大学

民议会大厦,再过去是保加利亚科学院院部,西北几百米就是巴尔干半岛最大的亚历山大·内夫斯基教堂。而与索菲亚大学隔街相望的就是中国大使馆。

索菲亚大学不但拥有优美的环境和宏伟的建筑物,而且还是一所具有光荣革命传统的学校。索菲亚大学的学生大部分来自劳动人民家庭,他们的思想倾向是民主的、反对反动的资产阶级政权,许多学生都向往社会主义,早在1891年就成立了宣传马克思主义的学生团体——科学社,1903年成立了社会主义小组。

在这些学生团体的组织领导下,索菲亚大学的学生同保皇反动政权展开了一次又一次的斗争,政治上逐渐成熟,在保加利亚共产党的领导和组织下,1930年成立了大学生自己的组织"保加利亚全国人民大学生联盟"。

在人民大学生联盟的领导下,索菲亚大学学生的政治斗争更加走入了正轨。他们用各种形式同反动政权和德国法西斯军队展开斗争。许多大学生联盟盟员用自己的鲜血和生命写下了索菲亚大学大学生运动史中最可歌可泣的一页。

1944年9月9日社会主义革命的胜利,给索菲亚大学带来了根本的转变。在人民政权的领导下,索菲亚大学迅速走上了改造发展的道路。恢复了被定为政治犯和参加过游击队的大学生的学籍,取消了不合理的入学限制,剔除了少数曾经直接为法西斯政权效劳的教学人员,这些改革,使索菲亚大学的学生人数迅速增加,在人民政权取得胜利后的第一年,就从6 000名增加到1.3万名,到1947年初增加到3.2万人。

为了便于管理和进行正常的教学,学校不得不把农学、动物学、林学、兽医4个系分出去,合并为一个独立的农学院。后又把医学系分出来成为医学院,神学系分出来成为神学院。

迷你知识卡

季米特洛夫

格奥尔基·季米特洛夫(1882年6月18日—1949年7月2日)保加利亚共产党领袖。国际共产主义的杰出活动家。在他主持共产国际的8年中,帮助和指导了中国共产党的革命运动,指定了毛泽东为中国共产党的领导人。

图书在版编目（CIP）数据

图说世界著名广场 / 吴雅楠, 阚男男编. -- 长春: 吉林出版集团有限责任公司, 2012.12
（中华青少年科学文化博览丛 / 沈丽颖主编. 文化卷）

ISBN 978-7-5463-9546-3-02

Ⅰ.①图… Ⅱ.①吴… ② … Ⅲ.①广场-世界-青年读物②广场-世界-少年读物 Ⅳ.①K917-49

中国版本图书馆CIP数据核字（2012）第279829号

图说世界著名广场

作 者	吴雅楠　阚男男
责任编辑	张西琳
开 本	710mm×1000mm　1/16
印 张	10
字 数	150千字
版 次	2012年12月第1版
印 次	2021年5月第3次

出 版	吉林出版集团股份有限公司（长春市福祉大路5788号龙腾国际A座）
发 行	吉林音像出版社有限责任公司
地 址	长春市福祉大路5788号龙腾国际A座13楼　邮编：130117
印 刷	三河市华晨印务有限公司

ISBN 978-7-5463-9546-3-02　　　　定价/39.80元

版权所有　侵权必究　举报电话：0431-86012893